K.G. りぶれっと No. 41

道徳教育の本質

廣田佳彦 ［著］

関西学院大学出版会

は じ め に

　本書は、教員養成および教職課程における「道徳教育」に関する本質についてまとめたものである。

　道徳教育に関しては、すでに数多くの優れた先行書籍が出版されてはいるが、その内容にいたっては周知のとおり実に多様である。本書は、道徳教育のありように関して、「特別の教科道徳」設置をふまえて、その本質探求を試みるものである。

　道徳教育は、学校全体の教育活動のなかで営まれるものであると言われる。しかしながら、これまで担任教諭が週1時間年間35時間の「道徳の時間」をすすめることの難しさについては、現場の先生方の多くが実感しておられるであろう。そして、この特設道徳の時間導入の1958年（昭和33年）学習指導要領全面改訂時よりはじまり、2002年（平成12年）の『心のノート』の導入に至り、さらに混迷の度合いを深めていると言わざるを得ない。一方、具体的な「道徳の時間」については、すでにさまざまな方法が提示されている。それは、まずもって、学校現場の先生方が担任として目前の子どもたちの実情をよく把握し、そのことをふまえて誠に精魂込めて先生方自ら作成した教材を駆使し、まさに先生方ご自身の実存的なありようをもって「道徳の時間」を指導している優れた事例である。あるいは、文部科学省が中心となって、『心のノート』やその後の『わたしたちの道徳』を忠実に指導する事例である。

　しかしながら、これまでの「道徳の時間」に対するさまざまな批判を受けて、2015年（平成27年）道徳教育の抜本的改善・充実をはかるため「特別の教科道徳」が導入される。その批判とは、「道徳の時間」が各教科に比べて軽視されがちであること、読み物の登場人物の心情理解のみに偏った形式的な指導であること、さらに発達の段階などを十分にふまえず、児童生徒に望ましいと思われるわかりきったことを言わせたり書かせたりする授業であること、などである。具体的には、学習指導要領を一部改正し、検定教科

書の導入、内容についてもいじめ問題への対応の充実や発達の段階をより一層ふまえた体系的なものへの改善、問題解決的な学習や体験的な学習などを取り入れるなど指導方法の工夫、評価は数値ではなく児童生徒の道徳性にかかわる成長の様子の把握、などが重視される。すなわち、「考え、議論する」道徳科への転換により、児童生徒の道徳性を育むことをめざすものである。

　要するに、1872年（明治5年）「学制」発布にともなう近代日本の教育のはじまりにおいて、修身科として教科で道徳教育に相当するものがすすめられ、さらに「教育ニ関スル勅語」（1890年、明治23年）によりその道徳教育の方向がひとつの意味において定まり、日本は第2次世界大戦の敗戦を迎える。そして、1945年（昭和20年）連合国軍最高総司令部の民間情報局の指令「修身、日本歴史及ビ地理歴史停止ニ關スル件」にて、修身科の授業が停止となる。その後、「公民教育刷新委員会」において、修身科に代わるものとして「公民科」が提唱される（のちに「社会科」へ統合される）。そして、社会情勢の変化を受けて、道徳教育の徹底化を図るため、1958年（昭和33年）「特設道徳の時間」が設置されることになる。さらに、また元に戻るが如く「特別の教科道徳」の設置に至るのである。

　このように、近代日本の道徳教育の歩みは、決して平坦ではなく大きなうねりを見せるに至っている。したがって、本書は、教職にかかわる諸氏がご自身の実存的なありように留意される契機となり、これからの道徳教育の本質探究の一助になることを願うところである。

目　次

はじめに　3

第1章　道徳・倫理と人間 7
1　現代社会における道徳・倫理のありよう　7
2　道徳教育　9
3　道徳性の育成　13

第2章　道徳教育の歴史 17
1　近代日本における道徳教育のはじまり　17
2　第2次世界大戦終結後の道徳教育　19

第3章　特別の教科 道徳　基本方針 23
1　道徳教育の抜本的改善・充実　23
2　特別の教科道徳にかかわる教育課程の編成と実施　27
3　特別の教科道徳として道徳教育をすすめる際の留意事項　31

第4章　特別の教科 道徳　内容と指導 35
1　特別の教科道徳の内容　35
2　道徳教育推進上の配慮事項　37
3　特別の教科道徳の指導内容の重点化（小学校）　53
4　特別の教科道徳の指導内容の重点化（中学校）　56
5　豊かな体験活動の充実といじめの防止　59
6　教材に求められる内容の観点　64

第5章　特別の教科 道徳　評価 71
　　1　特別の教科道徳における評価の意義　71
　　2　道徳性の理解と評価　72

第6章　情報モラル・現代の課題と道徳教育
　　　　――家庭や地域社会と道徳教育 79
　　1　情報モラルと道徳教育　79
　　2　現代の課題の扱いと道徳教育　80
　　3　家庭や地域社会と道徳教育　82

第7章　道徳教育の課題 85
　　1　道徳教育における現実認識　85
　　2　道徳教育としつけ　87
　　3　道徳教育と教師　88

おわりに　91
資料　特別の教科道徳の内容の学年段階・学校段階の一覧　94

第1章 道徳・倫理と人間

1 現代社会における道徳・倫理のありよう

生きる価値

　現代社会は、価値多様化の時代と言われて久しい。また一方、個性尊重が謳われる。要するに、人はどのように生きるのか、常に正解のない答えを求めるべく、日々の暮らしのなかで自らの時間を生きている。そのようなとき、人は年齢にかかわらず生きがいについて考えることがあろう。つまり、なぜ人は生きているのか、このことについて考えるのである。

　生きがいということばは、神谷美恵子(1914-1979)によれば、日本語にだけみられる表現らしい。すなわち、このような表現があるということは、日本人の心のなかで、生きる目的や意味やまたその価値が問われ続けてきたことを示すのであろう。そして、このことばがそれほどに深い省察や思索をもって用いられてきたのではないにしても、日本人がただ何も考えることなく生きてきたわけではないことはうかがえる。

　生きがいとは、辞書などで調べると、「世に生きているだけの効力、生きているしあわせや利益や効力」などと記されている。また、生きがいを外国語なかでも英語・ドイツ語・フランス語などの西洋語に翻訳すると、「生きる価値または意味のあること」などと、ひとつのことばではなくいくつかのことばを並べないと表現できない。したがって、西洋語にみられる論理的かつ哲学的概念に比べて、生きがいということばは如何にも日本語らしいあいまいさと、それゆえの余韻とふくらみがある。言い換えれば、それは日本人の心理の非合理性や直観性(直感性)をよく表しているとも言える。

また、このことばは、日本人の感じる生きがいなるものの、複雑かつ微妙な感じをよく表現しているのかもしれない。
　したがって、生きがいを一義的に定義することはなかなか困難であるが、そこに何らかの価値あるものを求めていることは否定できない。そしてそこには、「常に変わり続けるもの」と「変わらずにあるもの」とがある。たとえば、教育の分野では、ICTが推奨され教師にも最新の情報機器操作の習熟が求められる。しかし、教育は言うまでもなく教師と児童生徒との直接のコミュニケーションが重要である。確かに、そこに「常に変わり続ける」最新の情報機器が介在し教育における効果があらわれることもひとつの教育の方法ではあるが、やはり教師と児童生徒の間には「常に変わらずにあるもの」を求めていく関係性がある。「変わらずにあるもの」、この価値のありようを重視する姿勢が、これからの教育には必要なことであろう。

人間らしさ

　人間は、人間らしく生きることを求める。そして、この人間らしく生きる際に、習俗にかかわることが問題となる。すなわち、習俗とは、一定の社会の一般の人間により日常生活のなかで反復され、歴史のなかで形成され承認されてきた、持続的な一定の行動様式の総称である。そしてまた、習俗は、社会に生きる人間が一般にそれにしたがい、さらにしたがうことを要求されるような共通する生き方を意味する。
　人間は、この習俗にしたがうことにより互いに協調し、その社会の秩序を保ち安定した社会を維持できると考え、そしてそのような習俗にしたがうことが人間としての最低の条件であるともとらえてきた。一方、世界には多様な習俗が存在し、その習俗の規制にもその地域により強弱もみられる。また、文明社会の進展にともない、この習俗の果たす役割がしだいに道徳や法律としてその様態を変えていくことになる。それは、人間社会の発展変化が、個人の意識をはじめ社会の構造、さらには個人と社会の関係においても、単純な未分化から複雑な分化へと向かうことと軌を一にしていることと関係するであろう。また、もともと自然発生的な習俗に時に内包

される非合理性が、人間の知恵の発達にともない批判され吟味された結果でもあろう。特に、人間の自覚する精神の発達は、単なるしきたりやならわしなどによる外面および形式の規制に、意識せず批判もせずにしたがうことでは納得できない。それゆえ、主体的な判断に基づく自由な選択による行為をすすめるようになるものと考えられる。

そして、とりわけ行為の主体性が重視され、行為の結果だけでなくその結果をもたらす行為の動機を重視する観点から、いわゆる法律よりも道徳の重要性が求められるのである。

道徳と倫理

道徳は、英語 morality、などの語源としてラテン語 mos（mores）に由来し、これがいわゆる習俗を意味する。また、倫理は、英語 ethics などの語源としてギリシャ語 ethos に由来し、これもまた習俗を意味する。

端的に言えば、倫理は、人間としての共同生活が成立するために守られるべき一定の理法や道理である。道徳は、その理法や道理を体得し体現することである。

2　道徳教育

教育＝道徳教育

教育とは、子どもがより「善く」なることを願う営みである。しかしながら、「善い」とは何か、このことを示すことはなかなか難しい。そしてこのことは、倫理学の問題でもあり、その実践である道徳教育の問題でもある。

学校現場においては、現職の先生方から今もってなお道徳教育の難しさが言われる。また、児童生徒からも道徳の時間に対してさまざまな声が聞かれる。一方、文部科学省は、1997年（平成9年）神戸連続児童殺傷事件など少年犯罪の増加をふまえ、従来の道徳教育重視をさらにすすめるべく、「心の教育」の重要性を打ち出す。具体的には、臨床心理学者の河合隼雄を

中心に教育学研究者および現場学校長や教諭などにより、『心のノート』が作成され、2002年（平成14年）小・中学生に道徳の時間の副教材として無償配布された。しかしながら、学校現場の教諭を中心にその他さまざまな論議を引き起こすことになり、その後『心のノート』は一度改訂されたが政権交代後配布が取り止めとなり、あらためて2014年（平成26年）全面改訂され『私たちの道徳』として装いを新たに全国の小学生・中学生に配布された。さらに、2015年（平成27年）道徳教育の抜本的改善・充実をはかるため、「特別の教科道徳」が設置されることになる。すなわち、ここには道徳教育のありようについて、どのように国家が先導すべきものなのか否かの問題がある。そして、行うべき主体は、本人自身であるのか、家庭であるのか、社会であるのか、などの問題もある。さらに、そもそも道徳教育の目的、その内容や方法、果たして評価は必要かつ可能であるのか、などの問題が尽きることがない。そして、このあたりは、他の教科と根本的に異なるものであると言わざるを得ない。

　この道徳を教えることの困難さは、古代ギリシャのプラトン（BC427-BC347）『メノン』や紀元前中国の孟子（BC372-BC289）の教えにもみられる。すなわち、これらで示されていることは、いわゆる他律から自律へ導くこと以外になく、そのために教師はただ紋切り型の規律を教え込むことでは決してないことである。

教育と価値

　教育は、人間を人間にまで導く特殊な援助であり、人間そのものにかかわる援助である。ボルノー（1903-1991）によれば、教育の援助とは、児童生徒を発達における次の段階に到達できるように導くことであるととらえている。それ故、教師は児童生徒のなかに潜在するさまざまな価値可能性を認め、さらにこの可能性を児童生徒の行いを通して発展展開していくように援助することが求められる。したがって、教育は、価値の問題と深くかかわることになると考えられる。

　人間は、既存の価値や文化を教育をとおして伝承することによって、新

たな価値や文化を創造する力が育成される。また、人間は、歴史や社会における あらゆる規範の影響を受けつつも、一方において新たな規範をも創り出すことができる。しかしながら、社会における規範のみを重視すれば、人間個人の主体性を損なうことになる。人間は、本質的に自由な存在である。そして、この人間の自由なありようが、創造の原点であり、また善・悪の問題の契機ともなるのである。つまり、自由のないところに善・悪の問題は生じ得ないのである。したがって、道徳は、自由の主体である人間固有の問題であるとも言えるのである。

そして、道徳的な行為が問題となる場合、道徳的な方法ですすめる行為と、道徳的なものの実現をめざす行為の二通りのありようが考えられる。前者は行為の形式あるいは方法にかかわり、後者は行為の内容にかかわる。そして、道徳的行為が、その行為をとおして実現することをめざすものが、道徳的価値または倫理的価値である。

価値とは、望ましいものまたは善さのことである。人間は自らを取り巻く外界のあらゆるものごとを認知するとともに、これらに対して常に何らかの評価を行っている。つまり、ある対象に価値を認める場合は、その対象のなかに何らかの善さを認めているのである。しかし一方、価値の多様性の問題が生じる。ヴィンデルバンド（1848-1915）は、理論的価値として「真」、倫理的価値として「善」、審美的価値として「美」、宗教的価値として「聖」を挙げている。

価値における主観と客観

価値については、さまざまな角度からの説明がなされるが、価値を欲求の対象としてとらえることがある。つまり、価値は関心の対象であるとする考え方である。たしかに、関心のない対象は、どのようなものであってもその人間にとっては全く価値のないものに思える。一方、その人間があることに関心を持てば、そのことがらは誰がどのように言えどもその人間にとっては価値あるものととらえられるのである。人間は、幼児期から次第に年齢を重ねるとともに関心の対象が変化し、価値を見出す対象も変わっ

ていく。そして、このことは国家や文化の違いによっても同様の現象がみられ、これらのことから価値はもともと主観的であるとする考えがある。たしかに、この問題は、主観を好き嫌いの領域で判断することと同義とする危険性があり、これでは評価をすすめることが困難となる。また、この評価を行うには、必ず基準の設定が求められる。その場合、その基準は決して主観的なものに限らず、客観的なものが要求される。

　そして、価値のなかでも人間の生き方にかかわる倫理的価値についても、常に主観と客観が問題となる。善い行為をめざす倫理的価値に関して、主観を中心に考えれば、いわゆる利己主義や強者の論理が優先することになる。しかしながら、人間性には共通のものがあることも否定できない。人間は、時代と場所を越えて共通のものを望ましいと考え、共通の倫理的価値を認めていることも事実である。つまり、常に変化する現代社会のなかで、「変わらずにあるもの」を求める姿勢である。

人間の本性　愛と信頼

　人間の本性は、特に自然から与えられた本能や欲望は、もともとは善でありさらに育成されるべきものであるのか、あるいは本能や欲望は悪の源であり抑制されるべきものであるのか、容易に結論の出ない問題である。いわゆる性善説と性悪説である。性善説とは、孟子の説であり、人間は生まれながらに「四端の心」（惻隠、羞悪、辞譲、是非）である道徳的資質が備わっている。したがって、これは社会のありようとは関係なく個人に内在するのであり、人間が種として存続する限り永遠不変である、との考えである。性悪説とは、荀子の説であり、人間の性は根源的には純朴なものであり、その性の趣くままにして矯正しなければ悪に変化していくものである、との考えである。

　また、ボルノーも、子どものなかには是非とも展開発展させるべき理想とする可能性のみならず、発達を阻害しまたあるべく道からそれるよう導く悪意や弱さをも存在する、ととらえている。したがって、教師には、この理想とする見解と、まさに現実的な見解の両方を合わせて抱え込むだけの

度量が時に求められる。そして、このことを可能とするのが、教師の子どもへの愛と信頼なのであろう。

人間は、全く知らない他人を時に信じることができるのは、自らが子どもの時にまずは母親から愛され信頼されているとの原体験があるからである。このことは、フレーベル（1782-1852）が、『人間の教育』のなかで繰り返し述べていることである。すなわち、子どもの最初の微笑は、ただ表面上の感情の起伏ではなく、それよりも上位の共通感情によるものである。その共通感情なるものは、まずは母親と子どもとの間にはじまり、次に父親と子ども、そして子ども同士兄弟姉妹関係へと順次拡がり、他人との人間関係において感じ取られるものである。まさに、この共通感情が道徳意識の源泉であると考えられる。つまり、子どもは乳児のとき母親の胸に抱かれ、その時に母親と乳児との間で交わされる微笑、これによって乳児はまず母親を信頼し、そしてその母親から自らが愛されていることを実感するのである。

3 道徳性の育成

道徳的判断

道徳は、習俗や法律よりもより主体性が問われるものであり、道徳的行為は自主的な判断に基づくものでなければならない。したがって、ここで留意しなければならないことは、判断力の問題である。いわゆる的確な判断力にもとづいて行為することは、道徳的行為の必要条件なのである。

それでは、この的確な判断とはどのようなことなのか。たとえば、ある事態についての客観的理解をしないで、その事態に対して一定の行為をすすめることから生じる結果やその影響の洞察を欠く場合は、的確な判断を下しているとは言えないであろう。言い換えれば、その事態に対してどのように行為することが望ましいのか、また何が正しくて何が正しくないのかについての客観的な知識が、まずもって必要なのである。つまり、道徳にお

ける知的な面についての考察が求められるのである。

　このことの探求を試みたのが、古代ギリシャのソクラテス（BC470-399）である。徳は教えられるかの問いを発し、徳は知識であるとし、徳を教えることは可能であるとした。ソクラテスは、何が善であるのかを知らずして善いとされる行いはできない、したがって、あることが善いと知ることができれば、人間は必ずそのように実行するものであると考えた。そして、そのような知識は理性によって得られるものであり、その正しい知識が徳へとつながり結果正しい行為をもたらすと考えた。このように、ソクラテスは、「知行合一」、「知徳合一」を説いた。

　一方、道徳的行為に関して客観的な知識が必要であるとしても、ここで求められる知識は単なる表面的なまた観念的な知識であってはならない。つまり、現実の場面において、ひとつひとつのまさに生きた問題に対して自主的な判断が下されるような知識でなければならない。さらには、具体的な状況において、的確な判断を可能にするまさに生きた知識でなければならない。また、それは知識のための知識ではなく、実践と結びつくような知識でなければならない、時にそれは知見と称される。この知見が備わることによって、道徳的判断は的確に機能すると考えられる。

道徳における情操と心情

　道徳的行為は、知的な要素のみによって構成されるのではなく、感情によっても大きな影響を受けるものである。感情は、非理知的であり非合理的である。しかしながら、われわれ人間は自らの行為において、常に慎重に考慮しすすめるとは限らず、時に行為の選択は直感的に決められることがある。このときの契機となるのが、知識であることよりは感情である。

　感情とは、身体内外の刺激に応じて主観的な動揺が生じその心が動く状態であるとされる。したがって、感情は実に多様であり、微弱ではあるが持続的な状態感情と称される気分や、喜び・怒り・悲しみ・恐れ・驚き・愛・憎しみ・ねたみ・恨み、など一時的で急激な身体表現をともなう情動などもある。また、熱情などは、貪欲・愛情・理想主義・嫉妬など、持続的な傾

向がある。そして、価値経験にともなう感情である情操がある。情操には、知的情操・道徳的情操・美的情操・宗教的情操、などがあり、これらは価値の体験として表出される。たとえば、科学への情熱、真理への畏敬、また正義の行為やそれを実践した人間への賞賛、不義に対する嫌悪と侮蔑、さらに美に魅かれ醜を退ける心情、聖なるものへの畏怖、などとなって表れる。

　人間は感情の生物とも言われ、知的に理解し判断したことよりも、感情によって直線的にある意味効果的に動かされる場合がある。道徳的判断が、どのように客観的であろうと実践への契機となるものは、やはり時に感情、なかでも道徳的情操であることも多い。したがって、道徳的価値が真に定着するには、道徳的情操の育成が求められるのである。

　一方、道徳は、行為として実践にかかわる。したがって、ここで行為をすすめる動機となる意志が問題となる。すなわち、意志とは、意識的な目標を意図的に追求し、行動によってこれに到達をめざす意識的な精神作用であると考えられる。そして、意志にはいろいろな作用が考えられるのであるが、その一つに意志が確定するとき、知的なものとかかわりながら的確な判断に基づく正しい行為をめざす意志としてはたらくことである。あと一つは、意志があらゆる妨げに屈することなくはたらくことである。しかしながら重要なことは、意志のめざす行為の内容が正しいことだけではなく、意志そのもののありようが正しいか否かである。すなわち、意志が純粋であるか否かが問われるのである。

道徳における動機と結果

　道徳の行為においては、二つの側面が考えられる。一つは、行為がどのような心構えで行われたか、行為の内面つまり心情である。あと一つは、その行為によってどのような結果となったのか、行為の外面つまり実質の内容である。このように、行為については動機と結果の二つの面から考える必要がある。いわゆるカント（1724-1804）は、道徳的行為について意志とりわけ善意志が重要であると考え、行為の善悪を判断する場合はその表面的なことだけで判断せずに、行為における内面つまり心情を重視すべきである

とした。しかしながら、一方においては、その行為の動機さえ望ましければ、その行為の手段や結果は問わないとの考えは、問題があると言わざるを得ない。

　一方、古来日本人の道徳観は、心情を重んじるものであった。『万葉集』『古事記』『日本書紀』における「清き明き心」は、日本人が理想とする価値観のひとつであったと言えよう。そして、この清き明き心が、その後儒教や武士道の影響を受け、「至誠」という価値意識を生み出すことになる。すなわち、純粋な心情で人に恥ずかしくない生き方をすることが望ましいとの考え方である。

参考文献
神谷美恵子『生きがいについて』みすず書房、2004年。
プラトン、藤沢令夫訳『メノン』岩波文庫、1994年。
ボルノー、森昭・岡田渥美訳『教育を支えるもの』黎明書房、2006年。
ヴィンデルバント、清水清訳『哲学概論』玉川大学出版部、1960年。
カント、篠田英夫訳『道徳形而上学原論』岩波文庫、1976年。
フレーベル、荒井武訳『人間の教育』（上・下）、岩波文庫、1964年。
新訓『万葉集』（上・下）、佐佐木信綱編、岩波文庫、2010年。
『古事記』倉野憲司校注、岩波文庫、2009年。
『日本書紀』（一〜五）、坂本太郎他校注、岩波文庫、2009年。

第2章 道徳教育の歴史

1 近代日本における道徳教育のはじまり

　近代日本の教育は、1872年（明治5年）「学制」の発布にはじまる。その理念は、国民皆学をめざし、いわゆる功利主義的な実学志向であった。この学制のもと、道徳教育は「修身科」としての教科の位置付けがなされた。修身とは、身を修めること、つまり知識を習得し品性を向上させ人格を形成することをめざすものであった。具体的には、下等小学低学年（小学1〜2年）に週1〜2時間程度、当初教科書は使わず修身口授（ぎょうぎのさとし）にて教師による教説であった。そして、その教師が参考にしたのが欧米の道徳・倫理書の翻訳であった。当時明治新政府は、欧米諸国に急ぎ追い付くべく知識教育が優先される風潮にあり、道徳教育はそれほどには重視されない状況であった。

　ところが、1870年代（明治10年代）後半以降、欧米型の知識偏重に対して批判が拡がり、あわせて学制に対する異論も続出する。そして、道徳教育を重視する風潮が高まり、明治天皇の見解をふまえて侍講元田永孚（1818-1891）が1879年（明治12年）「教學聖旨」を起草する。これは、欧米思想の急速な導入による社会情勢の混迷（たとえば自由民権運動の高まりなど）に対して、これまでの伝統的な儒教思想にもとづく道徳教育の必要性を説くものであった。そして、同年1879年（明治12年）学制に変わり「教育令」が発布され、修身科は小学校教育課程の筆頭教科として位置付けられる。その後、伊藤博文（1841-1909）の反論（「教育議」）、さらなる元田の反駁（「教育議附議」）を経て、1880年（明治13年）「改正教育令」が発布され、修身科の

授業時間が大幅に増やされ、当時の小学校(8年制)の全学年に配当されることになる。具体的には、当時の文部省が編纂する儒教主義的な内容の教科書が用いられた。

　1889年(明治22年)大日本帝国憲法が公布される。そして、1890年(明治23年)「教育ニ関スル勅語」が渙発される。これは、さまざまな道徳教育のありように関する論争などをふまえて、地方長官(知事)会議にて内閣に提出された「徳育涵養ノ議ニ付建議」を受けて、法制局長官井上毅(1844-1895)が起草し、枢密院顧問官元田永孚が加筆修正し成立した。

　朕惟フニ我カ皇祖皇宗國ヲ肇ムルコト宏遠ニ徳ヲ樹ツルコト深厚ナリ 我カ臣民克ク忠ニ克ク孝ニ億兆心ヲ一ニシテ世世厥ノ美ヲ濟セルハ此レ我カ國體ノ精華ニシテ教育ノ淵源亦實ニ此ニ存ス 爾臣民父母ニ孝ニ兄弟ニ友ニ夫婦相和シ朋友相信シ恭儉己レヲ持シ博愛衆ニ及ホシ學ヲ修メ業ヲ習ヒ以テ智能ヲ啓發シ徳器ヲ成就シ進テ公益ヲ廣メ世務ヲ開キ常ニ國憲ヲ重シ國法ニ遵ヒ一旦緩急アレハ義勇公ニ奉シ以テ天壤無窮ノ皇運ヲ扶翼スヘシ 是ノ如キハ獨リ朕カ忠良ノ臣民タルノミナラス又以テ爾祖先ノ遺風ヲ顯彰スルニ足ラン 斯ノ道ハ實ニ我カ皇祖皇宗ノ遺訓ニシテ子孫臣民ノ俱ニ遵守スヘキ所 之ヲ古今ニ通シテ謬ラス之ヲ中外ニ施シテ悖ラス朕爾臣民ト俱ニ拳々服膺シテ咸其徳ヲ一ニセンコトヲ庶幾フ

　明治二十三年十月三十日
　　御名御璽

　「教育ニ関スル勅語」成立以降、1891年(明治24年)小学校教則大綱では、「徳性ノ涵養ハ教育上最モ意ヲ用フヘキモノ」であり、また「修身ハ教育ニ関スル勅語ノ旨趣ニ基キ児童ノ良心ヲ啓発シテ其徳性ヲ涵養シ其人道実践ノ方法ヲ授クルヲ以テ要旨トス」と定められた。そして、「教育ニ関スル勅語」の謄本は全国の学校に配布され、祝日および学校行事の際には勅語奉

読式が行われた。その後、1903年（明治36年）小学校令改正にともない修身科においては国定教科書が用いられることになる。

　大正時代になり、就学率も相当に向上し、大正デモクラシーの気運の高まりとともに大正自由教育運動と称される教育改革運動が起こり、教師および教科書中心の学校教育が批判され、子どもの自発性を重視する教育のありようが推奨され、さまざまな試みがすすめられた。

　しかしながら、昭和時代には、満州事変（1931年［昭和6年］中華民国での日本軍との軍事衝突事件）のはじまりとともに、戦争の時代へと日本全体が軍事体制へと変わっていく。1937年（昭和12年）、文部省より『國體の本義』が発行される。これは、日本は天皇を中心とする国家体制であり、忠孝を第一義とする臣民のありようを示すものであった。その後教育においても、1941年（昭和16年）「国民学校令」が公布され、小学校が国民学校と称されることになる。修身科においては、国定教科書『ヨイコドモ』が用いられ、国民道徳が推奨されることになる。

2　第2次世界大戦終結後の道徳教育

　1945年（昭和20年）8月15日、日本は敗戦を迎える。文部省は、「新日本建設ノ教育方針」を発表し、「益々國體ノ護持ニ務ムルト共ニ軍國的思想及施策ヲ払拭シ平和國家ノ建設ヲ目途」にすると、新たに日本の教育方針を明らかにする。しかしながら、連合国軍最高司令官総司令部（GHQ）は、この「益々國體ノ護持ニ務ムル」ことを問題視し、教育からこの思想を排除することを求める。具体的には、GHQの民間情報教育局（CIE）が真の意味における教育の民主化をめざし、四大教育指令のひとつとして「修身、日本歴史及び地理停止ニ関スル件」を示した。ここに、明治初年にはじまる修身科の授業は一時中断することになる。

　1947年（昭和22年）「学習指導要領」（試案）において、新たに「社会科」が設置され、その目標に道徳教育の内容が含まれている。それは、科学的かつ

合理的な社会認識にもとづいて考え行動することができる人間を育成することをめざすものであった。さらに、これからの道徳教育は、社会科の授業のみならず、学校生活全体をとおしてすすめられることが期待されていた。

　1950年（昭和25年）以降になると、国内外の社会情勢の変化などにより、道徳教育の充実を図ることの動きが活発になる。そして、1958年（昭和33年）文部省および教育課程審議会の答申において、教科ではなく、「道徳の時間」が特別に設置されることが示された。具体的には、同年改訂の学習指導要領にて、小学校・中学校の教育課程において週1時間の「道徳の時間」が定められた。基本的な考え方としては、「教育基本法および学校教育法に定められた教育の根本精神」にもとづき、「学校の教育活動全体」をとおして行うものとされた。したがって、「道徳の時間」は、学校の教育活動全体をとおして行う道徳教育を「補充し、深化し、統合」するものと位置付けられた。

　一方、1963年（昭和38年）教育課程審議会答申「学校における道徳教育の充実について」において、道徳の時間が十分な成果を上げていないとの指摘がなされた。それに対して、文部省は「道徳の指導資料」を作成する。この資料集を契機に、授業が児童生徒の日常生活を題材にする形態から読み物資料の読解中心の形態に変わっていくことになる。また、1966年（昭和41年）中央教育審議会の「期待される人間像」が公表され、なかでも「日本人にとくに期待されるもの」として、愛国心に関する事項が留意されることになる。

　その後も、道徳教育の充実を図るべく、さまざまな改善策が検討された。1989年（平成元年）の学習指導要領改訂では、道徳教育の目標として、「人間尊重の精神」において「生命に対する畏敬の念」が加えられた。また「主体性ある日本人」を育成することが強調された。そして、1996年（平成8年）中央教育審議会答申「21世紀を展望した我が国の教育の在り方について」において、学校教育の目標として「生きる力」の育成が設定された。このことをふまえて、1998年（平成10年）改訂の学習指導要領において、総則のなかで

「生きる力」を育成することをめざし、児童生徒自らが学び考える力の育成と個性を尊重する教育を充実する必要性が強調された。そして、道徳教育の目標が、「学校の教育活動全体を通じて、道徳的な心情、判断力、実践意欲と態度などの道徳性を養う」ことであると定められた。具体的には、道徳の時間において、「各教科、特別活動および総合的な学習の時間における道徳教育と密接な関連を図りながら、計画的かつ発展的な指導によりこれを補充、深化、統合し、道徳的価値の自覚を深め、道徳的実践力を育成する」ものと考えられた。のちには、「人間としての生き方についての自覚」も追記されている。

　また、2000年（平成12年）当時の首相の私的諮問機関として「教育改革国民会議」が設置され、その提案のなかに「道徳を教えることをためらわない」の記述がある。一方、神戸連続児童殺傷事件などの深刻な少年事件が続発し、道徳教育のありようが問われることになる。そこで、2002年（平成14年）文部科学省は、「道徳の時間」の補助教材として、『心のノート』を作成し、全国の小学生中学生に無償配布した。この『心のノート』は、一度の改訂を経て、2014年（平成26年）『私たちの道徳』として全面改訂された。

　続いて、2006年（平成18年）教育基本法が改正され、その第2条（教育の目標）において、道徳教育の内容が含まれている。「一　幅広い知識と教養を身に付け、真理を求める態度を養い、豊かな情操と道徳心を培うとともに、健やかな身体を養うこと。」さらに、2008年（平成20年）中央教育審議会答申「幼稚園、小学校、中学校、高等学校及び特別支援学校の学習指導要領等の改善について」において、子どもの規範意識の低下や、重ねて「道徳の時間」における指導の形式化やその実効性に疑義が唱えられ、さらなる充実をめざすべく、道徳の教科化が検討されることになる。

　以上、日本における道徳教育は、明治初年の教科である修身科にはじまり、第2次世界大戦後一時中断するも、その後特設道徳の時間が設置され、常にその道徳教育の本質的ありようが問われ続けられ、2015年（平成27年）再度特別の教科としての道徳がはじまることになる。

参考文献

土屋忠雄『明治前期教育政策史の研究』文教図書、1968 年。
山住正巳『教育勅語』朝日選書、1980 年。
押谷由夫『「道徳の時間」成立過程の研究』東洋館出版社、2001 年。

第3章　特別の教科 道徳　基本方針

1　道徳教育の抜本的改善・充実

改善・充実へ向けて

　現在の教育は，教育基本法第1条に示されているとおり、人格の完成をめざし、平和で民主的な国家及び社会の形成者として必要な資質を備えた心身ともに健康な国民の育成を期して行われるものであると考えられている。そして、人格の完成および国民の育成の基盤となるのが道徳性であり、その道徳性を養うことが道徳教育の使命である。しかし、道徳教育については特に歴史的経緯に影響され、未だに道徳教育そのものを忌避しがちな風潮があること、また他教科に比べて軽んじられていること、さらには読み物の登場人物の心情理解のみに偏った形式的な指導が行われる例があることなど、これまでも多くの課題が指摘されてきた。一方、いじめの問題に起因して、子どもの心身の発達に重大な支障が生じる事案や、尊い命が絶たれるなどの痛ましい事案まで生じており、いじめを早い段階で発見対処し、すべての子どもを救うことが喫緊の課題となっている。

　このような現状において，内閣に設置された教育再生実行会議は、2013年（平成25年）第1次提言において、いじめの問題などへの対応をまとめた。そこでは、いじめの問題が深刻な状況にある今こそ制度の改革だけでなく、本質的な問題解決に向かって歩み出すことが必要であり、心と身体の調和のとれた人間形成の観点から、道徳教育の重要性をあらためて認識しその抜本的な改善・充実を図るとともに、あらたな枠組みによって道徳を教科化することが提言された。そして、この提言などをふまえて文部科

学省において「道徳教育の充実に関する懇談会」が設置され、道徳教育の改善・充実の方策についての専門的な検討がはじめられた。

　この懇談会では、次のことが認識として共有された。まず、道徳教育は、国家や民族および時代を超えて人が生きるうえで必要なルールやマナーまた社会規範などを身に付け、人としてよりよく生きることを根本で支えるとともに、国家や社会の安定的で持続可能な発展の基盤となるものであること。次に、道徳教育の改善・充実は、日本の道徳教育の現状や家庭や社会の状況などをふまえれば、いじめの問題の解決だけでなく日本の教育全体にとっての重要な課題であること。そして、この共通認識のもと、道徳教育のこれまでの成果や課題を検証しつつ、道徳の特質をふまえたあらたな枠組みによる道徳の教科化の具体的なありようについて幅広く検討を行い、2013年（平成25年）「今後の道徳教育の改善・充実方策について（報告）〜新しい時代を人としてより良く生きる力を育てるために〜」をまとめた。

　また、2014年（平成26年）中央教育審議会に「道徳に係る教育課程の改善等について」が諮問され、道徳教育専門部会において道徳の時間の新たな枠組みによる教科化のありようについて検討が行われた。そして、その答申では、道徳教育の要である道徳の時間については、「特別の教科道徳」として制度上位置付けの充実を図ることが示された。具体的には、道徳教育の抜本的な改善に向け、学習指導要領に定める道徳教育の目標や内容の明確化および体系化を図ること、さらに指導方法の工夫、児童生徒の成長の様子を把握する評価のありよう、検定教科書の導入、教員の指導力向上方策、学校と家庭や地域の連携強化のありようなど、道徳教育の改善・充実に向けて必要な事項が提示された。

　この答申をふまえて、2015年（平成27年）学校教育法施行規則を改正するとともに、小学校学習指導要領、中学校学習指導要領、特別支援学校小学部・中学部の学習指導要領の一部改正の告示を公示した。今回の改正は、いじめの問題への対応の充実や発達の段階をより一層ふまえた体系的なものとする観点から、内容の改善や問題解決的な学習を取り入れるなどの指導方法の工夫を図ることなどを示した。このことにより、特定の価値観を押

し付けたり、主体性を持たず言われるままに行動するよう指導したりすることは、道徳教育がめざす方向の対極にあるものととらえていく。また、多様な価値観が並立し時に対立がある場合を含めて、誠実にそれらのそれぞれの価値に向き合い道徳としての問題を考え続ける姿勢こそ道徳教育で養うべき基本的資質であるととらえていく。要するに、発達の段階に応じ、正解が一つではない道徳的な課題を、一人一人の生徒が自分自身の問題ととらえ向き合う「考える道徳」「議論する道徳」への転換をめざすものである。

改善・充実の基本方針

このたびの改善・充実は、先の中央教育審議会答申をふまえ、次の方針にもとづいてすすめられた。

これまでの「道徳の時間」を要として、学校の教育活動全体をとおして行う道徳教育の基本的な考え方を適切なものとして今後も引き継ぐとともに、「道徳の時間」を「特別の教科道徳」として新たに位置付ける。また、目標を明確で理解しやすいものにするとともに、最終的には「道徳性」を養うことであることを前提とする。そして、内容をより発達の段階をふまえた体系的なものとするとともに、指導方法を多様で効果的なものとするため、指導方法の工夫などについて具体的に示すこととする。

そして、学校教育法施行規則改正の要点としては、学校教育法施行規則の小学校（中学校）の教育課程について、「道徳の時間」を「特別の教科である道徳」としたため、学校の教育活動全体を通じて行う道徳教育を「特別の教科である道徳」を要として学校の教育活動全体を通じて行うものとあらためた。

次に、学習指導要領「総則」の改善・充実の要点としては、次のとおりである。

(1) 教育課程編成の一般方針

「特別の教科である道徳」を「道徳科」と言い換えることを示すとともに、道徳教育の目標について、「自己の生き方（人間としての生き方）を考え、主体的な判断の下に行動し、自立した人間として他者と共によりよく生きる

ための基盤となる道徳性を養うこと」と示した。また、道徳教育をすすめるにあたっての配慮事項として、道徳教育の目標を達成するための諸条件を示しながら、「主体性のある日本人の育成に資することとなるよう特に留意しなければならない」こととした。

(2) 内容などの取扱いに関する共通事項

特別の教科である道徳を要として学校の教育活動全体を通じて行う道徳教育の内容は、学習指導要領「第3章 特別の教科道徳」の第2に示す内容であることを明記した。

(3) 指導計画の作成などにあたり配慮すべき事項

学校における道徳教育は、特別の教科である道徳を要として教育活動全体をとおして行うものであることから、その配慮事項を以下のように付け加えた。

①道徳教育は、特別の教科である道徳を要として学校の教育活動全体で行うことから、全体計画を作成して全教師が協力して道徳教育を行うこと。また、各教科などで道徳教育の指導の内容および時期を示すこと。

②各学校において指導の重点化を図るために、児童生徒の発達の段階や特性などをふまえて小学校(中学校)における留意事項を示したこと。

③集団宿泊活動(職場体験活動)やボランティア活動、自然体験活動、地域の行事への参加などの豊かな体験の充実とともに、道徳教育がいじめの防止や安全の確保などに資するよう留意することを示したこと。

④学校の道徳教育の全体計画や道徳教育に関する諸活動などの情報を積極的に公表すること、家庭や地域社会との共通理解を深め、相互の連携を図ることを示したこと。

2 特別の教科道徳にかかわる教育課程の編成と実施

特別の教科道徳にかかわる教育課程編成の一般方針

　道徳教育の展開と特別の教科である道徳については、「学校における道徳教育は、特別の教科である道徳を要として学校の教育活動全体、外国語活動、総合的な学習の時間および特別活動のそれぞれの特質に応じて、児童生徒の発達の段階を考慮して、適切な指導を行わなければならない」と示されている。

　すなわち、道徳教育は、人格形成の根幹にかかわるものであり、同時に民主的な国家・社会の持続的発展を根底で支えるものでもあることに鑑みると、児童生徒の生活全体にかかわるものであり、学校で行われる全ての教育活動にかかわるものであるととらえる。そして、各教科、外国語活動、総合的な学習の時間および特別活動にはそれぞれ固有の目標や特質があり、それらを重視しつつ教育活動が行われるが、それと同時にその全てが教育基本法第1条に規定する人格の完成をめざし、平和で民主的な国家および社会の形成者として必要な資質を備えた心身ともに健康な国民の育成を目的としている。したがって、それぞれの教育活動においても、その特質を生かし、児童生徒の学年がすすむにつれて全体として把握できる発達の段階や個々人の特性などの両方を適切に考慮しつつ、人格形成の根幹であると同時に民主的な国家および社会の持続的発展を根底で支える道徳教育の役割をも担うことになる。

　そして、特別の教科として位置付けられた道徳は、道徳性を養うことをめざすものとして、その中核的な役割を果たす。このことをふまえて、特別の教科である道徳の指導において、各教科などで行われる道徳教育を補ったり、それを深めたり相互の関連を考えて発展統合することで、学校における道徳教育は一層充実することになる。このような考え方により、道徳教育は特別の教科である道徳を要として学校の教育活動全体をとおして行うものと規定されている。

特別の教科道徳にかかわる道徳教育の目標

①教育基本法および学校教育基本法にもとづく

　道徳教育は、教育基本法および学校教育法に定められた教育の根本精神にもとづき、自己の生き方を考え、主体的な判断の下に行動し、自立した人間として他者と共によりよく生きるための基盤となる道徳性を養うことを目標とするものである。したがって、学校における道徳教育は、児童生徒がよりよく生きるための基盤となる道徳性を養うことを目標としており、児童生徒一人一人が将来に対する夢や希望、自らの人生や未来をひらいていく力を育む源となるものでなければならない。

　重ねて、道徳教育は、まず教育基本法および学校教育法に定められた教育の根本精神にもとづいて行われるものである。教育基本法第1条においては、日本の教育は、人格の完成をめざし、平和で民主的な国家および社会の形成者として必要な資質を備えた心身ともに健康な国民の育成を期して行うことを目的としていることが示されている。そして、第2条では、その目的を実現するための目標として、真理を求める態度を養うことや、豊かな情操と道徳心を培うことなどが挙げられている。また、第5条第2項では、義務教育の目的として、各個人の有する能力を伸ばしつつ社会において自立的に生きる基礎を培い、また国家および社会の形成者として必要とされる基本的な資質を養うことを目的とすることが規定されている。

　さらに、学校教育法第21条においては、義務教育の目標として、自主、自律および協同の精神、規範意識、公正な判断力ならびに公共の精神にもとづき主体的に社会の形成に参画し、その発展に寄与する態度を養うことが示されている。続いて、生命および自然を尊重する精神ならびに環境の保全に寄与する態度を養うことや、伝統と文化を尊重しそれらを育んできた日本とその郷土を愛する態度を養うとともに、すすんで外国の文化の理解をとおして他国を尊重し、国際社会の平和と発展に寄与する態度を養うこと、などが示されている。したがって、学校で行う道徳教育は、これら教育の根本精神にもとづいて行われるものなのである。

② 自己の生き方を考える（小学校）

　人格の基盤を形成する小学校の段階においては、児童自らが自己を見つめ自己の生き方を考えることができるようにすることが大切である。自己の生き方を考えるとは、児童一人一人がよりよくなろうとする自己を肯定的に受けとめるとともに、他者とのかかわりや身近な集団のなかでの自分の特徴などを知り、伸ばしたい自己について深く見つめることである。またそれは、社会のなかでいかに生きていけばよいのか、国家および社会の形成者としてどうあればよいのかを考えることにもつながることである。

人間としての生き方を考える（中学校）

　中学生の時期は、人生にかかわるさまざまな問題についての関心が高くなり、人生の意味をどこに求めいかによりよく生きるかという人間としての生き方を主体的に模索し始める時期である。人間にとって最大の関心は、人生の意味をどこに求めいかによりよく生きるかということにあり、道徳はこのことに直接かかわるものである。人間は、自らの生きる意味や自己の存在価値にかかわることについては、全人格をかけて取り組むものである。人としてよりよく生きる上で大切なものは何か、自分はどのように生きるべきかなどについて、時には悩み葛藤しつつ生徒自身が自己を見つめ、「人間としての生き方を考える」ことによって、真に自らの生き方を育んでいくことが可能となる。なお、人間としての生き方についての自覚は、人間とは何かということについての探求とともに深められるものである。生き方についての探求は、人間とは何かとの問いからはじまると言ってもよい。人間についての深い理解なしに、生き方についての深い自覚が生まれるはずはない。学校における道徳教育においては、これらのことが生徒の実態に応じて意欲的になされるようにさまざまに指導方法を工夫していく必要がある。

③ 主体的な判断のもとに行動する

　児童生徒が日常の様々な道徳的な問題や自己の生き方についての課題に直面したときに、自らの主体的な判断のもとに行動することが重要である。主体的な判断のもとに行動するとは、児童生徒が自立的な生き方や社

会の形成者としてのありようについて自ら考えたことにもとづいて、人間としてよりよく生きるための行為を自分の意志や判断にもとづいて選択し行うことである。またそれは、児童生徒が日常生活での問題や自己の生き方に関する課題に正面から向き合い、考え方の対立がある場合にも、自らの力で考えよりよいと判断したり適切だと考えたりした行為の実践に向けて具体的な行動を起こすことである。

④ **自立した人間として他者と共によりよく生きる**

自立した人間としての主体的な自己は、同時に他者と共によりよい社会の実現をめざそうとする社会的な存在としての自己を志向する。このように、人は誰もがよりよい自分を求めて自己の確立をめざすとともに、一人一人が他者と共に心を通じ合わせて生きようとしている。したがって、他者との関係を、主体的かつ適切に持つことができるようにすることが求められるのである。（小学校）

一人一人の生徒が「自立した人間」へと成長するためには、自己の生き方を模索し自己の価値観を確立することが必要となる。どのように生きるべきか、いかなる人間になることをめざすべきかを探求することをとおして、自分自身に固有な判断基準となる自らの価値観を持つことができるのである。（中学校）

⑤ **基盤となる道徳性を養う**

上記のような思考や判断また行動などをとおして、よりよく生きるための営みを支える基盤となるのが道徳性であり、道徳教育はこの道徳性を養うことを目標とする。道徳性は、人間としての本来的なありようやよりよい生き方をめざして行われる道徳的行為を可能にする人格的特性であり、人格の基盤をなすものである。それはまた、人間らしいよさであり、道徳的価値が一人一人の内面において統合されたものと言えよう。したがって、学校教育においては、特に道徳的判断力、道徳的心情、道徳的実践を主体的に行う意欲と態度の育成を重視する必要があると考えられるのである。

3　特別の教科道徳として道徳教育をすすめる際の留意事項

　道徳教育をすすめる際には、人間尊重の精神と生命に対する畏敬の念を、家庭や学校そしてその他社会における具体的な生活のなかに生かし、豊かな心を持ち伝統と文化を尊重し、それらを育んできた日本とその郷土を愛し、個性豊かな文化の創造を図るとともに、平和で民主的な国家および社会の形成者として、公共の精神を尊び社会および国家の発展に努め、他国を尊重し国際社会の平和と発展や環境の保全に貢献し、未来を拓く主体性のある日本人の育成に資することとなるよう特に留意しなければならない。

留意すべき事項

①人間尊重の精神と生命に対する畏敬の念を、家庭や学校そしてその他社会における具体的な生活のなかに生かす。

　人間尊重の精神は、生命尊重、人格の尊重、基本的人権、思いやりの心などの根底を貫く精神である。日本国憲法に述べられている基本的人権や、教育基本法に述べられている人格の完成、さらには国際連合教育科学文化機関憲章(ユネスコ憲章)における人間の尊厳の精神も根本において共通するものである。民主的な社会においては、人格の尊重は、自己の人格のみではなく、他の人々の人格をも尊重することであり、また権利の尊重は自他の権利の主張を認めるとともに、権利の尊重を自己に課する意味において、互いに義務と責任を果たすことを求めるものである。さらに、具体的な人間関係のなかで道徳性を養い、それによって人格形成を図る趣旨にもとづいて、人間尊重の精神という表現を用いている。一方、生命に対する畏敬の念は、生命のかけがえのなさに気付き、生命あるものを慈しみ、畏れ、敬い、尊ぶことを意味する。このことにより人間は、生命の尊さや生きることのすばらしさの自覚を深めることができる。生命に対する畏敬の念に根ざした人間尊重の精神を培うことによって、人間の生命があらゆる生命との

関係や調和のなかで存在し生かされていることを自覚することができる。さらに、生命あるもの全てに対する感謝の心や思いやりの心を育み、より深く自己を見つめながら、人間としてのありようや生き方の自覚を深めていくことができる。これは、自殺やいじめにかかわる問題や環境問題などを考えるうえでも、常に根本において重視すべき事項である。したがって、道徳教育は、この人間尊重の精神と生命に対する畏敬の念を児童生徒自ら培い、それらを家庭での日常生活や学校での学習や生活、地域社会での遊びや活動また行事への参画などの具体的な機会において生かすことができるようにしなければならない。

②**豊かな心をもつ。**

　豊かな心とは、たとえば困っている人には優しく声を掛ける、ボランティア活動など人の役に立つことをすすんで行う、喜びや感動を伴って植物や動物を育てる、自分の成長を感じ生きていることを素直に喜ぶ、美しいものを美しいと感じることができる、他者との共生や異なるものへの寛容さを持つなどの感性およびそれらを大切にする心のことである。したがって、道徳教育は、児童生徒一人一人が日常生活においてこのような心を育み、そのことをとおして生きていくうえで必要な道徳的価値を理解し、自己を見つめることで、固有の人格を形成していくことができるようにしなければならない。

③**伝統と文化を尊重し、それらを育んできた日本とその郷土を愛し、個性豊かな文化の創造を図る。**

　個性豊かな文化の継承・発展・創造のためには、先人の残した有形および無形の文化的遺産のなかに優れたものを見いだし、それを生み出した精神に学び、それを継承し発展させることが必要である。また、国際社会のなかで主体性をもって生きていくには、国際感覚を持ち国際的視野に立ちながらも、自らの国家や地域の伝統や文化についての理解を深め、尊重する態度を身に付けることが重要である。したがって、道徳教育において、日本やその郷土の伝統と文化に対する関心や理解を深め、それを尊重し継承発展させる態度を育成するとともに、それらを育んできた日本とその郷土へ

の親しみや愛着の情を深め、世界と日本とのかかわりについて考え、日本人としての自覚をもって、文化の継承発展創造と社会の発展に貢献し得る能力や態度が養われなければならない。

④平和で民主的な国家および社会の形成者として、公共の精神を尊び、社会および国家の発展に努める。

　人間は個としての尊厳を有するとともに、平和で民主的な国家および社会を形成する一人としての社会的存在でもある。人は、身近な集団のみならず、社会や国家の一員としての様々な帰属意識を持っている。そして、一人一人がそれぞれの個性をその集団のなかで生かし、よりよい集団や社会を形成していくためには、個としての尊厳とともに社会全体の利益を実現しようとする公共の精神が必要である。また、平和で民主的な社会は、国民主権、基本的人権、自由、平等などの民主主義の理念の実現によって達成される。またこれらが、法によって規定され維持されるだけならば、一人一人の日常生活のなかで真に主体的なものとして確立されたことにはならない。それらは、一人一人の自覚によって初めて達成されるものである。日常生活のなかで社会連帯の自覚にもとづき、あらゆる時と場所において他者と協同する場を実現していくことは、社会および国家の発展に努めることでもある。したがって、道徳教育においては、単に法律的な規則やきまりそのものを取り上げるだけでなく、それらの意義を自己の生き方とのかかわりでとらえるとともに、必要に応じてそれをよりよいものに発展させていくとの視点にも留意して取り扱う必要がある。

⑤他国を尊重し、国際社会の平和と発展や環境の保全に貢献する。

　民主的で文化的な国家をさらに発展させるとともに、世界の平和と人類の福祉の向上に貢献することは、教育基本法の前文において掲げられている理念である。平和は、人間の心の内に確立すべき課題でもあるが、日常生活のなかで社会連帯の自覚に基づき、他者と協同する場を実現していく努力こそ、平和で民主的な国家および社会を実現する根本である。また、環境問題が深刻な問題となるなかで、持続可能な社会の実現に努めることが重要な課題となっている。そのためにも、生命や自然に対する感受や、身近な

環境から地球規模の環境への豊かな想像力、それを大切に守ろうとする態度が養われなければならない。さらに、このような努力や心構えを、広く国家間ないし国際社会におよぼしていくことが他国を尊重することにつながり、国際社会に平和をもたらし環境の保全に貢献することになる。それ故、これらの事項が、道徳教育においても取り扱われなければならないのである。

⑥未来をひらく主体性のある日本人を育成する。

　未来をひらく主体性のある人間とは、常に前向きな姿勢で未来に夢や希望をもち、自主的に考え、自律的に判断し、決断したことは積極的かつ誠実に実行、その結果について責任をもつことができる人間である。したがって、道徳教育は、このような視点に立ち、児童生徒が自らの人生や新しい社会を切りひらく力を身に付けられるようにしていかなければならないのである。またこのことは、人間としてのありようの根本にかかわるものであるが、ここで特に日本人と示しているのは、歴史的文化的に育まれてきた日本人としての自覚をもって文化の継承発展創造を図り、民主的な社会の発展に貢献するとともに、国際的視野に立って世界の平和と人類の幸福に寄与し、世界の人々から信頼される人間の育成をめざしているからである。

参考文献
文部科学省『小学校学習指導要領解説総則編』平成 27 年（2015 年）。
文部科学省『中学校学習指導要領解説総則編』平成 27 年（2015 年）。
文部科学省『小学校学習指導要領解説特別の教科道徳編』平成 27 年（2015 年）。
文部科学省『中学校学習指導要領解説特別の教科道徳編』平成 27 年（2015 年）。

第4章　特別の教科 道徳　内容と指導

1　特別の教科道徳の内容

内容の位置付け

　道徳教育の内容は、学習指導要領「第3章特別の教科道徳」の「第2 内容」に示すとおりである。これらの内容項目は、児童生徒の発達の段階や児童生徒を取り巻く状況などを考慮して、小学校6年間・中学校3年間に児童生徒が自己の生き方を考え、よりよく生きる力を育むうえで重要と考えられる道徳的価値を含む内容を平易に表現したものである。これらの内容項目は、教師と児童生徒が人間としてのよりよい生き方を求め、ともに考えともに語り合い、その実行に努めるための共通の課題である。また、学校の教育活動全体のなかで、さまざまな場や機会をとらえ、多様な方法によってすすめられる学習をとおして、児童生徒自らが調和的な道徳性を養うためのものでもある。

　学校における道徳教育は、特別の教科である道徳を要として全教育活動において、児童生徒一人一人の道徳性を養うものである。したがって、これらの内容項目は、児童生徒自らが成長を実感でき、これからの課題や目標を見つけられるような工夫のもとに、特別の教科である道徳はもとより、各教科、外国語活動、総合的な学習の時間および特別活動で行われる道徳教育において、それぞれの特質に応じて適切に指導されなければならない。なお、それぞれの内容項目は指導にあたり取り扱う内容であって、目標とするものを表すものではない。したがって、児童生徒に対して一方的に内容項目を教え込むような指導は適切ではない。指導にあたっては、内容

項目に含まれる道徳的価値について一般的な意味を理解させるだけではなく、発達の段階をふまえつつその意義などについて、自己とのかかわりや社会的な背景なども含め多面的かつ多角的な視点から考えさせることにより、児童生徒の道徳的な判断力や心情および主体的に道徳的な実践を行う意欲と態度を育むよう努める必要がある。

　このことをとおして、児童生徒が自らの生活のなかで出会うさまざまな場面において、人間としてよりよく生きようとする立場から、主体的な判断にもとづき適切な実践を行うことができるようになることが重要である。したがって、各内容項目について児童生徒の実態をもとに把握し直し、指導上の課題を児童生徒の視点に立って具体的にとらえるなど、児童生徒自身が道徳的価値の自覚を深め発展させていくことができるよう、実態にもとづく課題に即した指導をしていくことが大切である。

内容項目の重点的な取扱い

　特別の教科である道徳を要として学校の教育活動全体をとおして行う道徳教育を、全教職員が共通理解して一体となって推進するためには、学校として育てようとする児童生徒の姿を明らかにしなければならない。そのうえで、校長の方針にもとづいて、学校の道徳教育の目標を設定して指導することが大切である。その際、学校の道徳教育の目標にもとづいて指導すべき内容を検討することになるが、特別の教科である道徳においてもその目標をふまえ、重点的に指導する内容項目を設定し、計画的かつ発展的に指導できるようにすることが必要である。また、各教科などにおいても、それぞれの特質に応じて、関連する道徳的価値に関する内容項目や学校としての重点的に指導する内容項目を考慮し、意図的かつ計画的に取り上げるようにすることが求められる。そのようにして、学校の教育活動全体をとおして、学校としての道徳教育で重点的に取り扱う内容やその生かし方の特色が明確になった指導を行うよう心掛けることが大切である。

2 道徳教育推進上の配慮事項

道徳教育の指導体制

　道徳教育の指導体制として、各学校においては、道徳教育の目標をふまえ、道徳教育の全体計画を作成し、校長の方針のもとに、道徳教育の推進を主に担当する教師（以下「道徳教育推進教師」という）を中心に、全教師が協力して道徳教育を展開することが求められている。

(1) 校長の方針の明確化

　道徳教育は、学校の教育活動全体で行うものであり、学校の教育課程の管理者である校長は、その指導力を発揮し学校の道徳教育の基本的な方針を全教師に明確に示すことが必要である。校長は、道徳教育の改善・充実を視野におきながら、関係法規や社会的な要請、学校や地域社会の実情、児童生徒の道徳性にかかわる実態、家庭や地域社会の期待などをふまえ、学校の教育目標とのかかわりで道徳教育の基本的な方針などを明示しなければならない。そして、校長が、道徳教育の方針を明示することにより、全教師が道徳教育の重要性についての認識を深めるとともに、学校の道徳教育の重点や推進すべき方向について共通に理解し、具体的な指導を行うことができる。また、校長の方針は、全教師が協力して学校の道徳教育の諸計画を作成展開し、その不断の改善・充実を図っていくうえでのよりどころになるものである。

(2) 道徳教育推進教師を中心とした全教師による協力体制の整備

①道徳教育推進教師の役割

　道徳教育推進教師には、学校の教育活動全体をとおして行う道徳教育を推進するうえでの中心となり、全教師の参画分担協力のもとにその充実が図られるよう働きかけていくことが望まれる。機能的な協力体制を整えるためには、道徳教育推進教師の役割を明確にしておく必要があり、その役割としては、以下に示すような事項が考えられる。

- 道徳教育の指導計画の作成に関すること

- 全教育活動における道徳教育の推進・充実に関すること
- 特別の教科である道徳の充実と指導体制に関すること
- 道徳用教材の整備・充実・活用に関すること
- 道徳教育の情報提供や情報交換に関すること
- 特別の教科である道徳の授業公開など家庭や地域社会との連携に関すること
- 道徳教育の研修の充実に関すること
- 道徳教育における評価に関すること

　各教師が、それぞれの役割を自覚しその役割をすすんで果たすうえでも、機能的な協力体制を整えることは重要である。なお、道徳教育推進教師については、その職務の内容に鑑み校長が適切に任ずるとともに、学校の実態に応じて人数などを考慮するなどの創意工夫した対応が求められる。さらに、道徳教育推進教師の研修や近隣の学校の道徳教育推進教師との連携なども積極的にすすめ、道徳教育の充実に努めることが大切である。

②**協力体制の充実**

　学校が組織体として一体となって道徳教育を進めるためには、校長の方針と道徳教育推進教師等の役割の明確化とともに、全教師が指導力を発揮し、協力して道徳教育を展開できる体制を整える必要がある。たとえば、学校全体の道徳教育を推進するための組織や家庭や地域社会との連携などの推進上の課題にあわせた組織を設けたり、各学年段階や校務分掌ごとに推進するための体制を整えたりするなど、学校の実情に応じて全教師が積極的にかかわることができる機能的な協力体制を構築することが大切である。

道徳教育の全体計画

　道徳教育の全体計画の作成にあたっては、児童生徒、学校および地域の実態を考慮して、学校の道徳教育の重点目標を設定するとともに、特別の教科である道徳の指導方針および内容との関連をふまえた各教科、外国語活動、総合的な学習の時間および特別活動における指導の内容や時期、ま

た家庭や地域社会との連携の方法を示すことが求められている。

（1）全体計画の意義

　道徳教育の全体計画は、学校における道徳教育の基本的な方針を示すとともに、学校の教育活動全体をとおして道徳教育の目標を達成するための方策を総合的に示した教育計画である。学校における道徳教育の中軸となるのは、学校の設定する道徳教育の基本方針である。全体計画は、その基本方針を具現化し、学校としての道徳教育の目標を達成するためにどのようなことを重点的に推進するのか、各教育活動はどのような役割を分担し関連を図るのか、家庭や地域社会との連携をどのようにすすめていくのか、などについて総合的に示すものでなければならない。このような全体計画は、特に次の点において重要な意義をもつものである。

①人格の形成および国家や社会の形成者として必要な資質の育成を図る場として、学校の特色や実態および課題に即した道徳教育が展開できる。

　各学校においては、さまざまな教育の営みが人格の形成や国家や社会の形成者として必要な資質の育成につながっていることを意識し、特色がありまた課題を押さえた道徳教育の充実を図ることができる。

②学校における道徳教育の重点目標を明確にして推進することができる。

　学校としての重点目標を明確にしそれを全教師が共有することにより、学校の教育活動全体で行う道徳教育に方向性を持たせることができる。

③道徳教育の要としての特別の教科である道徳の位置付けや役割が明確になる。

　特別の教科である道徳ですすめるべきことを押さえるとともに、教育活動相互の関連を図ることができる。また、全体計画は、特別の教科である道徳の年間指導計画を作成するよりどころにもなる。

④全教師による一貫性のある道徳教育が組織的に展開できる。

　全教師が全体計画の作成に参加しその活用を図ることをとおして、道徳教育の方針やそれぞれの役割についての理解が深まり、組織的で一貫した道徳教育の展開が可能となる。

⑤家庭や地域社会との連携を深め、保護者や地域の人々の積極的な参加や協力を可能にする。

全体計画を公表し家庭や地域社会の理解を得ることにより、家庭や地域社会と連携し、その協力を得ながら道徳教育の充実を図ることができる。

(2) 全体計画の内容

全体計画は、各学校において校長の明確な方針のもとに、道徳教育推進教師が中心となって、全教師の参加と協力により創意と英知を結集して作成されるものである。作成にあたっては、上記の意義をふまえて次の事項を含めることが望ましいとされている。

①基本的把握事項

計画作成にあたって把握すべき事項として、次の内容があげられる。

- 教育関係法規の規定、時代や社会の要請や課題、教育行政の重点施策
- 学校や地域社会の実態と課題、教職員や保護者の願い
- 児童生徒の実態と課題

②具体的計画事項

基本的把握事項をふまえ、各学校が全体計画に示すことが望ましいとされる事項として、次の点があげられる。

- 学校の教育目標、道徳教育の重点目標、各学年の重点目標
- 特別の教科である道徳の指導の方針
- 年間指導計画を作成する際の観点や重点目標にかかわる内容の指導の工夫、校長や教頭などの参加、他の教師との協力的な指導
- 各教科、外国語活動、総合的な学習の時間および特別活動などにおける道徳教育の指導の方針、内容および時期

そして次に、重点内容項目との関連や各教科などの指導計画を作成する際の道徳教育の観点を記述する。

- 各教科などの方針にもとづいてすすめる道徳性の育成にかかわる指導の内容および時期を整理して示す。
- 特色ある教育活動や豊かな体験活動における指導の方針や内容および時期を整理して示す。たとえば、学校や地域社会の特色を生かした取組みや集団宿泊活動(生徒指導、職場体験活動)、ボランティア活動、

自然体験活動などの体験活動や実践活動における道徳性を養うための方針を示す。
- 学級、学校の人間関係、環境の整備や生活全般における指導の方針として、日常的な学級経営を充実させるための具体的な計画などを記述する。
- 家庭、地域社会、他の学校や関係機関との連携の方法として、協力体制や特別の教科道徳の授業公開、広報活動、保護者や地域の人々の参加や協力の内容および時期、具体的な計画などを記述する。
- 道徳教育の推進体制として、道徳教育推進教師の位置付けも含めた全教師による推進体制を示す。
- 次年度の計画に生かすための評価の記入欄、研修計画や重点的指導に関する添付資料などを記述する。

なお、全体計画を一覧表にして示す場合は、必要な各事項について文章化したり具体化したりしたものを加えるなどの工夫が望まれる。たとえば、各教科などにおける道徳教育にかかわる指導の内容および時期を整理したもの、道徳教育にかかわる体験活動や実践活動の時期などが一覧できるもの、道徳教育の推進体制や家庭や地域社会などとの連携のための活動などがわかるものを別にして加えるなどして、年間をとおして具体的に活用しやすいものとすることが考えられる。また、作成した全体計画は、家庭や地域の人々の積極的な理解と協力を得るとともに、さまざまな意見を聞き一層の改善に役立てるために、その趣旨や概要などを学校通信に掲載したり、ホームページで紹介したりするなど、積極的に公開していくことが求められる。

(3) 全体計画作成上の創意工夫と留意点

全体計画の作成にあたっては、理念だけに終わることなく具体的な指導に生きて働くものになるよう、体制を整え全教師で創意工夫を生かして、特に次のことに留意しながら作業をすすめることが大切である。

①校長の明確な方針のもとに、道徳教育推進教師を中心として全教師の協力・指

導体制を整える。

　学校における道徳教育は、人格の基盤となる道徳性を養うものであり、学校の教育活動全体で指導し、家庭や地域社会との連携のもとにすすめなければならないことから、特に校長が指導力を発揮し、道徳教育推進教師が中心となって全教師が全体計画の作成に積極的に参画するよう体制を整える必要がある。

②道徳教育や特別の教科である道徳の特質を理解し、教師の意識の高揚を図る。

　全教師が、道徳教育および特別の教科である道徳の重要性や特質について理解を深められるよう関係する教育法規や教育課程の仕組み、時代や社会の要請、児童生徒の実態、保護者や地域の人々の意見などについて十分研修を行い、教師自身の日常的な指導のなかでの課題が明確になるようにする。そのことをとおして、全体計画の作成にかかわる教師の意識の高揚を図ることができ、その積極的な活用につなげることが求められる。

③各学校の特色を生かして、重点的な道徳教育が展開できるようにする。

　全体計画の作成にあたっては、学校や地域社会の実態をふまえ各学校の課題を明らかにし、道徳教育の重点目標や各学年の指導の重点を明確にするなど、各学校の特色が生かされるよう創意工夫することが大切である。一方、総則においては、今日的課題と学年段階ごとの発達上の課題（小学校・中学校の発達上の課題）をふまえて重点的な指導を行う観点が示されている。各学校においては、それぞれの実態に応じて、学年段階ごとの内容項目の指導をとおして、全体としてこれらの観点の指導が充実するよう工夫する必要がある。また、特別の教科である道徳の年間指導計画の作成にあたっても、全体計画に示した重点的な指導が反映されるよう配慮することが求められる。

④学校の教育活動全体をとおした道徳教育の相互の関連性を明確にする。

　各教科、外国語活動、総合的な学習の時間および特別活動における道徳教育を、特別の教科である道徳の内容との関連でとらえ、特別の教科である道徳が要としての役割を果たせるよう計画を工夫することが重要である。また、学校教育全体において、豊かな体験活動がなされるよう計画する

とともに、体験活動を生かした特別の教科である道徳が効果的に展開されるよう年間指導計画などにおいても創意工夫することが大切である。
⑤**家庭や地域社会、学校間交流、関係諸機関などとの連携に努める。**
　全体計画を具体化するには、保護者や地域の人々の協力が不可欠である。また、近接の幼稚園や保育所、小学校・中学校・義務教育学校・高等学校・中等教育学校、特別支援学校などとの連携や交流を図り、共通の関心のもとに指導を行うとともに、福祉施設、企業などとの連携や交流を深めることも大切であり、それらが円滑に行われるような体制などを工夫することが求められる。（小学校）
　全体計画の作成にあたっては、生徒の実態や発達の段階、生徒との信頼関係を育む具体的な方策、保護者や地域の人々の意見に耳を傾け、それを全体計画に反映させ、必要に応じて指導に活用する柔軟な姿勢が大切である。（中学校）
⑥**計画の実施および評価・改善のための体制を確立する。**
　全体計画は、学校における道徳教育の基本を示すものである。したがって、頻繁に変更することは適切ではないが、評価し改善の必要があれば直ちにそれに着手できる体制を整えておくことが大切である。また、全教師による一貫性のある道徳教育を推進するためには、校内の研修体制を充実させ全体計画の具体化や評価や改善にあたって必要となる事項についての理解を深める必要がある。

各教科などにおける指導方針

　学校における道徳教育は、特別の教科である道徳を要として学校の教育活動全体をとおして行われるものである。したがって、各教科などでどのように道徳教育を行うかについては、学校の創意工夫によるところであるが、各教科などは目標にもとづいてそれぞれに固有の指導を充実させる過程で、道徳性が養われることを考え、見通しをもって指導することが重要である。
　具体的には、各教科などの指導をとおして児童生徒の道徳性を養うため

に、教師の用いる言葉や児童生徒への接し方、また教師の授業に臨む姿勢や熱意および態度や行動による感化とともに、次のような視点が考えられる。

(1) **道徳教育と各教科などの目標や内容および教材とのかかわり**

　各教科などの目標や内容には，児童生徒の道徳性を養うことにかかわりの深い事項が含まれている。各教科などにおいて道徳教育を適切に行うためには、まずそれぞれの特質に応じて道徳の内容に関わる事項を明確にする必要がある。そして、それらに含まれる道徳的価値を意識しながら学校独自の重点内容項目をふまえて指導することにより、道徳教育の効果も一層高めることができる。

(2) **学習活動や学習態度への配慮**

　各教科などでは、それぞれの授業をとおして学習態度や学習習慣が育てられていく。その視点から、児童生徒が伸び伸びとかつ真剣に学習に打ち込めるよう留意し、思いやりがありまた自主的かつ協力的な学級の雰囲気や人間関係となるよう配慮することが大切である。話合いのなかで自分の考えを発表すると同時に友達の意見に耳を傾けること、各自であるいは協同して課題に最後まで取り組むことなどは、各教科などの学習効果を高めるとともに、望ましい道徳性を養うことにもなる。

　このように、学習活動や学習態度への配慮にかかわる指導について、道徳的価値を視点に行うことが考えられる。なお、学校教育のさまざまな場面において、具体的な道徳的習慣や道徳的行為について指導を行うことがあるが、その際に最終的なねらいとしているのは，指導をとおしてそれらの意義を理解し、自らの判断によりすすんで適切な実践ができるような道徳性を養うことである。

各教科などにおける道徳教育（小学校）

　各教科などにおける道徳教育については、それぞれの特質に応じて適切に指導することが示されているが、具体的には、次のような配慮をすることが求められる。

(1) 国語科

　国語による表現力と理解力とを育成するとともに、人間と人間との関係のなかで、互いの立場や考えを尊重しながら言葉で伝え合う力を高めることは、学校の教育活動全体で道徳教育をすすめていくうえで、基盤となるものである。また、思考力や想像力および言語感覚を養うことは、道徳的な判断力や心情を養う基本になる。さらに、国語を尊重する態度を育てることは、伝統と文化を尊重しそれらを育んできた日本とその郷土を愛することなどにつながるものである。

(2) 社会科

　地域社会の生活およびその発展に尽くした先人の働きなどについての理解を図り、地域社会に対する誇りと愛情を育てることや日本の国土と歴史に対する理解と愛情を育てることは、伝統と文化を尊重しそれらを育んできた日本とその郷土を愛することなどにつながる。また、国際社会に生きる平和で民主的な国家や社会の形成者としての自覚をもち、自他の人格を尊重し、社会的義務や責任を重んじ公正に判断しようとする態度や能力などの公民的資質の基礎を養うことは、主として集団や社会とのかかわりについての内容などにつながるものである。

(3) 算数科

　算数科の目標でもある日常の事象について見通しをもち、筋道を立てて考え表現する能力を育てることは、道徳的な判断力の育成にも資するものである。また、数理的にものごとを考えたり処理したりすることを生活や学習に活用しようとする態度を育てることは、工夫して生活や学習をしようとする態度を育てることにも資するものである。

(4) 理科

　理科において栽培や飼育などの体験活動をとおして自然を愛する心情を育てることは、生命を尊重し自然環境を大切にする態度の育成につながるものである。また、見通しをもって観察や実験を行うことや、問題解決の能力を育て科学的な見方や考え方を養うことは、真理を大切にしようとする態度の育成に資するものである。

(5) 生活科
　生活科における自分と身近な人々や社会および自然と直接かかわる活動や体験をとおして、自然に親しみ生命を大切にするなど自然とのかかわりに関心を持つこと、自分のよさや可能性に気付くなど自分自身について考えさせること、生活上のきまりや言葉遣いまた振る舞いなど生活上必要な習慣を身に付け自立への基礎を養うことなど、いずれも道徳教育と密接なかかわりをもつものである。

(6) 音楽科
　音楽を愛好する心情や音楽に対する感性は、美しいものや崇高なものを尊重する心につながる。また、音楽による豊かな情操は、道徳性の基盤を養うものである。なお、音楽の共通教材は、日本の伝統や文化や自然や四季の美しさまた夢や希望をもって生きることの大切さなどを含でおり、道徳的な心情の育成に資するものである。

(7) 図画工作科
　図面工作科において作りだす喜びを味わうようにすることは、美しいものや崇高なものを尊重する心につながるものである。また、造形的な創造による豊かな情操は、道徳性の基盤を養うものである。

(8) 家庭科
　家庭科において日常生活に必要な基礎的な知識や技能を身に付け、生活をよりよくしようとする態度を育てることは、生活習慣の大切さを知り自分の生活を見直すことにつながるものである。また、家庭生活を大切にする心情を育むことは、家族を敬愛し楽しい家庭をつくり家族の役に立つことをしようとすることにつながるものである。

(9) 体育科
　体育科において集団でのゲームなど運動することをとおして、粘り強くやり遂げる、きまりを守る、集団に参加し協力する、などの態度が養われる。また、健康や安全についての理解は、生活習慣の大切さを知り自分の生活を見直すことにつながるものである。

(10) 外国語活動

外国語をとおして言語や文化について体験的に理解を深めることは、日本人としての自覚を持って世界の人々と親善に努めることにつながるものである。

(11) 総合的な学習の時間

総合的な学習の時間では、自らが横断的かつ総合的な学習や探究的な学習をとおして、多様な道徳的価値を含んだ現代社会の課題などに取り組み、これらの学習が自己の生き方を考えることにつながっていくことになる。また、横断的かつ総合的な学習や探究的な学習をとおして、主体的に判断して学習活動をすすめたり粘り強く考え解決しようとしたりする資質や能力、自己の目標を実現しようとしたり他者と協調して生活しようとしたりする態度を育てることにもつながるものである。

(12) 特別活動

特別活動の目標には、心身の調和のとれた発達と個性の伸長、自主的かつ実践的な態度、自己の生き方についての考えや自己を生かす能力、など道徳的価値にかかわる内容が多く含まれており、道徳教育との結び付きは極めて深い。とりわけ、特別活動における学級や学校生活における望ましい集団活動や体験的な活動は、日常生活における具体的な道徳的行為や習慣の指導をする重要な機会と場であり、道徳教育に果たす役割は大きい。具体的には、自分勝手な行動をとらずに節度ある生活をしようとする態度、自己の役割や責任を果たして生活しようとする態度、よりよい人間関係を築こうとする態度、みんなのためにすすんで働こうとする態度、自分たちで約束をして守ろうとする態度、目標をもって諸問題を解決しようとする態度、自己のよさや可能性に自信をもち集団活動を行おうとする態度、などは集団活動をとおして養いたい道徳性にかかわるものである。

特に、学級活動の内容に示した〔第1学年及び第2学年〕の「仲良く助け合い学級生活を楽しくする」ことや、〔第3学年及び第4学年〕の「協力し合って楽しい学級生活をつくる」こと、〔第5学年及び第6学年〕の「信頼し支え合って楽しく豊かな学級や学校の生活をつくる」ことは、「主として人との

かかわりに関すること」や「主として集団や社会とのかかわりに関すること」の内容項目と関連が深い。また、学級活動の指導計画の作成にあたっては、道徳教育の重点などをふまえることとされている。このように学級活動においては、学級や学校の生活づくりの内容として、学級や学校における生活上の諸問題の解決、学級内の組織づくりや仕事の分担処理、学校における多様な集団の生活の向上が示されている。したがって、この活動は自らがよりよい生活を築くために、諸課題を見出しこれを自主的に取り上げ、協力して解決していく自発的かつ自治的な活動である。このような自発的かつ自治的な活動は、望ましい人間関係やよりよい集団の形成に参画する態度などにかかわる道徳性を養うことができる。

　また、学級活動における日常の生活や学習への適応および健康安全の内容としては、希望や目標を持って生きる態度の形成、基本的な生活習慣の形成や望ましい人間関係の形成、清掃などの当番活動などの役割と働くことの意義の理解、学校図書館の利用、心身ともに健康で安全な生活態度の形成、食育の観点をふまえた学校給食と望ましい食習慣の形成、を示している。これらのことについて、自らの生活をふりかえり自己の目標を定め、努力して健全な生活態度を身に付けようとすることは、道徳性を養うことと密接なかかわりがある。

　その他、児童会活動においては、異年齢の児童が学校におけるよりよい生活を築くために諸問題を見いだし、これを自主的に取り上げ協力して解決していく自発的かつ実践的な活動が行われる。それ故、児童会活動は、異年齢による望ましい人間関係の形成やよりよい学校生活づくりに参画することにかかわる道徳の内容が含まれているのである。一方、クラブ活動においては、異年齢の交流を深め、協力して共通の興味や関心を追求する自発的かつ自治的な活動が行われる。クラブ活動における異年齢による望ましい人間関係の形成や個性の伸長、よりよいクラブ活動づくりに参画することなどは、道徳の内容と広くかかわっていると考えられる。

　さらには、学校行事においては、特にボランティア精神を養う活動や自然のなかでの集団宿泊体験、幼児や高齢者また障害のある人々などとの触

れ合いや文化や芸術に親しむ体験、をとおして望ましい人間関係、自律的態度、心身の健康、協力、責任、公徳心、勤労、社会奉仕などにかかわる道徳性を養うことができる。

各教科などにおける道徳教育（中学校）

各教科などにおける道徳教育を行う際には、次のような配慮をすることが求められる。

(1) 国語科

国語による表現力と理解力とを育成するとともに、人間と人間との関係のなかで、互いの立場や考えを尊重しながら言葉で伝え合う力を高めることは、学校の教育活動全体で道徳教育を進めていくうえで、基盤となるものである。また、思考力や想像力を養い言語感覚を豊かにすることは、道徳的な判断力や心情を養う基本になる。さらに、国語を尊重する態度を育てることは、伝統と文化を尊重しそれらを育んできた日本とその郷土を愛することなどにつながるものである。

(2) 社会科

日本の国土と歴史に対する理解と愛情を深めることは、伝統と文化を尊重し、それらを育んできた日本とその郷土を愛することなどにつながるものである。また、国際社会に生きる平和で民主的な国家・社会の形成者としての自覚をもち、自由・権利と責任・義務との関係を正しく認識し、権利・義務の主体者として公正に判断しようとする態度や能力などの公民的資質の基礎を養うことは、主として集団や社会とのかかわりに関する内容などと密接なかかわりをもつものである。

(3) 数学科

数学科の目標でもある事象を数理的に考察し筋道を立てて考え、表現する能力を高めることは、道徳的判断力の育成にも資するものである。また、数学を活用して考えたり判断したりしようとする態度を育てることは、工夫して生活や学習をしようとする態度を育てることにも資するものである。

(4) 理科

　理科において、自然の事物・現象を調べる活動をとおして、生物相互の関係や自然界のつり合いについて考えさせ、自然と人間とのかかわりを認識させることは、生命を尊重し、自然環境の保全に寄与する態度の育成につながるものである。また、目的意識をもって観察や実験を行うことや、科学的に探究する能力を育て科学的な見方や考え方を養うことは，道徳的判断力や真理を大切にしようとする態度の育成にも資するものである。

(5) 音楽科

　音楽を愛好する心情や音楽に対する感性は、美しいものや崇高なものを尊重することにつながるものである。また、音楽による豊かな情操は、道徳性の基盤を養うものである。なお、音楽の共通教材は、日本の自然や四季の美しさを感じ取れるもの、日本の文化や日本語のもつ美しさを味わえるものなどを含んでおり、道徳的心情の育成に資するものである。

(6) 美術科

　美術科において、創造する喜びを味わうようにすることは、美しいものや崇高なものを尊重する心につながるものである。また、美術の創造による豊かな情操は、道徳性の基盤を養うものである。

(7) 保健体育科

　保健体育科においては、集団でのゲームなど運動することをとおして、粘り強くやり遂げる、ルールを守る、集団に参加し協力する、といった態度が養われる。また、健康・安全についての理解は、生活習慣の大切さを知り、自分の生活を見直すことにつながるものである。

(8) 技術・家庭科

　技術・家庭科において、生活に必要な基礎的・基本的な知識および技術を習得することは、望ましい生活習慣を身に付けるとともに、勤労の尊さや意義を理解することにつながるものである。また、すすんで生活を工夫し創造しようとする態度を育てることは、家族への敬愛の念を深めるとともに、家庭や地域社会の一員としての自覚をもって自分の生き方を考え、生活をよりよくしようとすることにつながるものである。

(9) 外国語科

　外国語をとおし、日本や外国の言語や文化に対する理解を深めることは、世界のなかの日本人としての自覚をもち、国際的視野に立って世界の平和と人類の発展に貢献することにつながるものである。

(10) 総合的な学習の時間

　総合的な学習の時間では、生徒が横断的・総合的な学習や探究的な学習をとおして、多様な道徳的価値を含んだ現代社会の課題などに取り組み、これらの学習が自己の生き方を考えることにつながっていくことになる。また、横断的・総合的な学習や探究的な学習をとおして、主体的に判断して学習活動をすすめたり、粘り強く考え解決しようとしたりする資質や能力また自己の目標を実現しようとしたり、他者と協調して生活しようとしたりする態度を育てることにもつながるものである。

(11) 特別活動

　特別活動の目標には、心身の調和のとれた発達と個性の伸長、自主的かつ実践的な態度、人間としての生き方についての自覚、自己を生かす能力など道徳的価値にかかわる内容が多く含まれており、道徳教育との結び付きは極めて深い。とりわけ、特別活動における学級や学校生活における望ましい集団活動や体験的な活動は、日常生活における具体的な道徳的行為や習慣の指導をする重要な機会と場であり、道徳教育に果たす役割は大きい。

　具体的には、自分勝手な行動をとらずに節度ある生活をしようとする態度、自己の役割や責任を果たして生活しようとする態度、よりよい人間関係を築こうとする態度、集団や社会の一員としてみんなのためにすすんで働こうとする態度、自分たちできまりをつくって守ろうとする態度、目標を持って諸問題を解決しようとする態度、自己のよさや可能性に自信を持ち集団活動を行おうとする態度などは、集団活動をとおして養いたい道徳性にかかわるものである。

　学級活動の内容の取扱いについては、「第１章総則の第４の３の(2)に示す道徳教育の重点などをふまえ」ることと示している。また、学級活動におい

ては、活動内容の(1)「学級や学校の生活づくり」の内容として、学級や学校における生活上の諸問題の解決、学級内の組織づくりや仕事の分担処理、学校における多様な集団の生活の向上を示している。この活動は、生徒がよりよい生活を築くために、諸課題を見いだし、これを自主的に取り上げ、協力して解決していく自発的かつ自治的な活動である。このような生徒による自発的かつ自治的な活動は、望ましい人間関係の形成やよりよい生活づくりに参画する態度などにかかわる道徳性を養うことができる。

　また、学級活動の活動内容の(2)「適応と成長及び健康安全」の内容としては、思春期の不安や悩みとその解決、自己および他者の個性の理解と尊重、社会の一員としての自覚と責任、男女相互の理解と協力、望ましい人間関係の確立、ボランティア活動の意義の理解と参加、心身ともに健康で安全な生活態度や習慣の形成、性的な発達への適応、食育の観点をふまえた学校給食と望ましい食習慣の形成を示している。これらの活動をとおして、生徒一人一人が人間としての生き方について幅広く探究し、心身の健康の保持増進に努め、豊かな人間性や個性の育成を図ることは、道徳性を養うことに資するものである。

　さらに、活動内容の(3)「学業と進路」の内容としては、学ぶことと働くことの意義の理解、自主的な学習態度の形成と学校図書館の利用、進路適性の吟味と進路情報の活用、望ましい勤労観・職業観の形成、主体的な進路の選択と将来設計を示している。これらのことは、生徒一人一人が現在および将来の生き方を考える基盤になるものであり、自己の生き方を見つめ、自己の目標を定めて努力していくことは、道徳性を養うことと密接なかかわりをもっている。

　生徒会活動においては、生徒会の計画や運営、異年齢集団による交流、生徒の諸活動についての連絡調整、学校行事への協力、ボランティア活動などの社会参加をとおして、学校生活の充実と向上を図る活動が行われる。生徒が集団や社会の一員としてよりよい学校生活づくりに参画し、生活上の諸問題を見いだし、これを自主的に取り上げ協力して解決していく自発的かつ自治的な生徒会活動は、望ましい人間関係の形成や集団生活の向上

に向けて参画する態度などにかかわる道徳性を養うことができる。

　学校行事においては、特に、職場体験やボランティア活動などの社会体験や自然体験、文化や芸術に親しむ体験、幼児、高齢者、障害のある人々と触れ合う活動をとおして、思いやりの心、勤労や奉仕の精神、公共の福祉、心身の健康、協力、責任、公徳心などにかかわる道徳性を養うことができる。

3　特別の教科道徳の指導内容の重点化(小学校)

　各学校においては、児童の発達の段階や特性などをふまえ、指導内容の重点化を図ることが求められる。その際、各学年をとおして、自立心や自律性また生命を尊重する心や他者を思いやる心を育てることに留意すること、さらに各学年段階においては、次の事項に留意することが求められている。
(1) 第1学年および第2学年においては、挨拶などの基本的な生活習慣を身につけること、善悪を判断ししてはならないことをしないこと、社会生活上のきまりを守ること。
(2) 第3学年および第4学年においては、善悪を判断し正しいと判断したことを行うこと、身近な人々と協力し助け合うこと、集団や社会のきまりを守ること。
(3) 第5学年および第6学年においては、相手の考え方や立場を理解して支え合うこと、法やきまりの意義を理解して進んで守ること、集団生活の充実に努めること、伝統と文化を尊重しそれらを育んできた日本とその郷土を愛するとともに他国を尊重すること。

　道徳教育をすすめるにあたっては、児童の発達の段階や特性などをふまえるとともに、学校や地域社会などの実態や課題に応じて、学校としての指導の重点にもとづき各学年段階の指導内容についての重点化を図ることが大切である。そして、どのような内容を重点的に指導するかは、最終的に

は各学校が学校の実情や児童の実態などをふまえ決定するものであるが、その際には社会的な要請や今日的課題についても考慮し、次のような配慮を行うことが求められる。

①各学年をとおして配慮すること

　小学校においては、生きるうえで基盤となる道徳的価値観の形成を図る指導を徹底するとともに自己の生き方についての指導を充実する観点から、各学年をとおして自立心や自律性、生命を尊重する心、他者を思いやる心の育成に配慮することが大切である。

　自立心や自律性は、児童がよりよい生き方をめざし、人格を形成していくうえで核となるものであり、自己の生き方や人間関係を広げ社会に参画をしていくうえでも基盤となる重要な要素である。特に、小学校の段階では、児童が自己を肯定的に受け止め、自分の生活を見直し将来に向けて夢や希望をもち、よりよい生活や社会をつくり出そうとする態度の育成が求められている。その際、児童が自己理解を深め自己を肯定的に受け止めることと、自己に責任をもち自律的な態度をもつことの両面を調和のとれた形で身に付けていくことができるようにすることが重要である。

　また、生命を尊重する心は、生命の尊厳を感得し生命ある全てのものを尊重しようとする心のことである。生命を尊重する心の育成は、道徳教育をすすめるにあたって特に留意しなければならないこととして、生命に対する畏敬の念を生かすことを示しているように、豊かな心を育むことの根本に置かれる重要な課題の一つである。いじめによる自殺などが社会的な問題となっている現在、児童が生きることを喜ぶとともに、生命に関する問題として老いや死などについて考え、他者とともに生命の尊さについて自覚を深めていくことは、特に重要な課題である。そして、他を思いやる心は、児童が自立した一人の人間として人生を他者とともに、よりよく生きる人格形成を図る道徳教育の充実をめざすうえで不可欠なものである。相手の気持ちや立場を推し量り自分の思いを相手に向けることは、よりよい人間関係を築くために重要である。

②学年段階ごとに配慮すること

　各学年をとおして配慮することに加えて、各学年段階においては、次の事項に留意することが求められる。

a 第1学年および第2学年

　第1学年および第2学年の段階では、挨拶などの基本的な生活習慣を身に付けること、善悪を判断ししてはならないことをしないこと、社会生活上のきまりを守ること、について配慮して指導にあたることが求められる。基本的な生活習慣は、健全な生活を送るうえで必要なものであり、健康や安全にかかわることやものの活用や整理整頓にかかわることなどがあるが、小学校生活の入門期で身に付くような指導をすることが求められる。そして、善悪を判断ししてはならないことをしないこと、たとえばうそを言わないや人を傷つけないまた人のものを盗まないなど、人としてしてはならないことや善悪について自覚し、そのうえに立って社会生活上のきまりを守ることができるよう指導することが大切である。第1学年および第2学年の段階では、幼児教育との接続に配慮するとともに、家庭と連携しながら、これらの内容を繰り返し指導することが大切である。

b 第3学年および第4学年

　第3学年および第4学年では、善悪を判断し正しいと判断したことを行うこと、身近な人々と協力し助け合うこと、集団や社会のきまりを守ること、に配慮して指導にあたることが求められる。一般的に、この段階は、学校生活に慣れ行動範囲や人間関係が広がり活動的になる。他方、社会的認識能力をはじめ思考力が発達し視野が拡大するとともに、内省する心も育ってくると言われる。第1学年および第2学年の重点をふまえた指導の充実を基本として、特に身近な人々と協力し助け合うこと、さらには集団や社会のきまりを守ることについて理解し、自ら判断できる力を育てることへの配慮が求められる。

c 第5学年および第6学年

　第5学年および第6学年では、相手の考え方や立場を理解して支え合うこと、法やきまりの意義を理解してすすんで守ること、集団生活の充実に

努めること、伝統と文化を尊重しそれらを育んできた日本とその郷土を愛するとともに、他国を尊重すること、に配慮することが大切になる。この段階は、小学校教育の完成期であり高学年段階の児童としての自覚ある行動が求められる。第3学年および第4学年の重点をふまえた指導の充実を基本として、日本人としての自覚をもって日本の伝統と文化を理解し、それらを育んできた日本とその郷土を愛するとともに他国の伝統と文化を尊重することなどに関する指導に配慮することが求められる。この時期は、知識欲も旺盛で、集団における自己の役割の自覚も大いにすすむ。自己や社会の未来への夢や目標を抱き、理想を求めて主体的に生きていく力の育成が図られるようそれまでの学年における指導をふまえ、中学校段階との接続も視野に入れ、特に国家や社会の一員としての自覚を育てることを重視した適切な指導を行う必要がある。

4　特別の教科道徳の指導内容の重点化(中学校)

　各学校においては、生徒の発達の段階や特性などをふまえ、指導内容の重点化を図ることが求められる。その際、小学校における道徳教育の指導内容をさらに発展させ、自立心や自律性を高め、規律ある生活をすること、生命を尊重する心や自らの弱さを克服して気高く生きようとする心を育てること、法やきまりの意義に関する理解を深めること、自らの将来の生き方を考え主体的に社会の形成に参画する意欲と態度を養うこと、伝統と文化を尊重し、それらを育んできた日本と郷土を愛するとともに、他国を尊重すること、国際社会に生きる日本人としての自覚を身に付けること、などに留意することが求められている。

　さらに、道徳教育をすすめるにあたっては、中学生という発達の段階や特性などをふまえるとともに、学校や地域社会などの実態や課題に応じて、学校としての指導の重点にもとづき指導内容についての重点化を図ることが大切である。どのような内容を重点的に指導するかについては、最

終的には各学校において生徒や学校の実態などをふまえ工夫するものであるが、その際には社会的な要請や今日的課題についても考慮し、次の(1)から(5)について留意することが求められる。これらとあわせて、人間としての生き方について理解を深めることは、全学年をとおして学校教育のあらゆる機会をとらえて、すべての内容項目とかかわるように配慮しながら指導することが求められる。

(1) 自立心や自律性を高め規律ある生活をすること

　中学生の時期は、自我に目覚め自ら考え主体的に判断し行動することができるようになり、人間としての生き方についての関心が高まってくる。その一方で、必ずしも心と体の発達が均衡しているわけではないため、人生の悩みや葛藤などで心の揺れを感じやすい時期でもある。また、教師や保護者などおとなへの依存から脱却して、自分なりの考えをもって精神的に自立していく時期でもある。しかし、周囲の思惑を気にして、他人の言動から影響を受けることも少なくない。そうしたなかで、現実の世界から逃避したり、今の自分さえよければよいと考えたりするのではなく、これまでの自分の言動をふりかえるとともに自分の将来を考え、他者や集団・社会とのかかわりのなかで自制し生きていくことができる自己を確立し、道徳的に成長を遂げることが望まれる。そうした観点から、特別の教科である道徳の授業で生徒が自己をふりかえり、自己を深く見つめ人間としての生き方について考えを深め、生徒の自立心や自律性を高め、規律ある生活が送れるようにする取組みが求められる。

(2) 生命を尊重する心や自分の弱さを克服して気高く生きようとする心を育てること

　近年、生徒を取り巻く社会環境や生活様式も変化し、自然や人間とのかかわりの希薄さから、いじめや暴力行為、自殺・自傷行為など生命を軽視する行動につながり、社会問題になることもある。人間としての生き方についての関心も高まるこの時期の生徒に、乳幼児や人生の先輩たちと触れ合ったり、医師や看護師などから生命に関する話を聞く機会を持ったり、生命倫理にかかわる問題を取り上げ話し合ったりすることなど、生命の尊

さを深く考えさせ、かけがえのない生命を尊重する心を育成する取組みが求められる。生命を十分に尊重できていない自らの弱さに気付くとともに、それを克服して気高く生きようとする心を育てることにもつながる。人間尊重の精神と生命に対する畏敬の念を培っていくことは、豊かな心を育むことの根本に置かれる課題の一つである。

(3) 法やきまりの意義に関する理解を深めること

　人間は集団や社会をつくり、他の人と互いに協力し合って生活している。この社会生活に秩序を与え、摩擦を少なくして個人の自由を保障するために、法やきまりは作られている。生徒がこうした法やきまりの意義について理解を深め、社会生活の秩序と規律を維持するためには、自らに課せられた義務や責任を確実に果たすことが大事であることを自覚することが求められる。特に、中学校の段階では、社会生活を送るうえで持つべき最低限の規範意識を確実に身に付けさせるとともに、民主主義社会における法やきまりの意義やそれらを遵守することの意味を理解し、主体的に判断し社会の秩序と規律を自ら高めていこうとする意欲や態度を育てる指導が重要である。

(4) 自らの将来の生き方を考え主体的に社会の形成に参画する意欲と態度を養うこと

　地域社会は、家庭や学校とともに大切な生活の場であり、生徒にとって、家庭や学校だけでなく地域社会の一員としての自覚を深めることが大切である。地域の人々との人間関係を問い直したり、職場体験活動をとおして自らの将来の生き方を思い描いたり、地域についての学習をとおして将来の社会のありようを協働して探究したり、ボランティア活動などの体験活動を生かしたりするなどして、社会の形成に主体的に参画しようとする意欲や態度を身に付けていくことが大切である。

(5) 伝統と文化を尊重し、それらを育んできた日本とその郷土を愛するとともに、他国を尊重すること、国際社会に生きる日本人としての自覚を身に付けること

　知識基盤社会化やグローバル化がますます進展するなかで、国際的規模

の相互依存関係がより深まっている。将来の日本を担う中学生は、郷土や国で育まれてきた優れた伝統と文化などのよさについて理解を深め、それらを育んできた日本やその郷土を愛するとともに、国際的視野に立って、他国の生活習慣や文化を尊重する態度を養うことが大切である。また、国際社会のなかで独自性を持ちながら国際社会の平和と発展、地球環境の保全に貢献できる国家の発展に努める日本人として、主体的に生きようとする態度を身に付けていくことが求められる。

5 豊かな体験活動の充実といじめの防止

学校や学級内の人間関係や環境を整えるとともに、集団宿泊活動やボランティア活動、自然体験活動、地域の行事への参加などの豊かな体験を充実すること、また道徳教育の指導内容が児童生徒の日常生活に生かされるようにすること、その際いじめの防止や安全の確保等にも資することとなるよう留意すること、などが求められる。

(1) 学校や学級内の人間関係や環境

児童生徒の道徳性は、日々の人間関係のなかで養われる。学校や学級における人的な環境は、主に教師と児童生徒および児童生徒相互のかかわりにおいて形成される。また、教室や校舎および校庭などの物的な環境は、人的な環境とともに児童生徒の道徳性を養うことに深くかかわっている。児童生徒が学級や学校を学習し生活する場として自覚するための環境整備に努めることが求められる。

①教師と児童生徒の人間関係

児童生徒の道徳性の多くの部分は、日々の人間関係のなかで養われる。学校や学級における人的な環境は、主に教師と児童生徒および児童生徒相互のかかわりにおいて形成される。教師と児童生徒の人間関係は、教師に対する児童生徒の尊敬と共感、児童生徒に対する教師の教育的愛情、そして相互の信頼が基本になる。教師自身がよりよく生きようとする姿勢を示

したり、教師が児童生徒を尊重し児童生徒から学ぼうとする姿勢を見せたりすることで信頼が強化される。そのためにも、教師と児童生徒がともに語り合うことができる場を日常から設定し、児童生徒を理解する有効な機会となるようにすることが大切である。

②児童生徒相互の人間関係

児童生徒相互の人間関係を豊かにするには、相互の交流を深め、互いが伸び伸びと生活できる状況をつくることが大切である。児童生徒一人一人が互いに認め合い、励まし合い学び合う場と機会を意図的に設けるとともに、教師は児童生徒の人間関係が常に変化していることに留意しつつ、座席換えやグループ編成のありようなどについても適切に見直しを図る必要がある。また、異学年間の交流を図ることは、児童生徒相互による道徳教育の機会を増すことになる。

③環境の整備

児童生徒の道徳性を養ううえで、人的な環境とともに物的な環境も大切である。具体的には、言語環境の充実、整理整頓され掃除の行き届いた校舎や教室の整備、児童生徒が親しみをもって接することのできる身近な動植物の飼育栽培、各種掲示物の工夫などは、児童生徒の道徳性を養ううえで大きな効果が期待できる。各学校や各学級においては、計画的に環境の充実や整備に取り組むとともに、日頃から児童生徒の道徳性を養うという視点で学校や教室の環境の整備に努める必要がある。また、学校や学級の環境の充実や整備を教職員だけが中心となってすすめるだけでなく、児童生徒自らが自分たちの学級や学校の環境の充実や整備を積極的に行うことができるよう、特別活動などとも関連を図りながら指導することも大切である。

(2) 豊かな体験の充実

集団生活をとおして、協力して役割を果たすことの大切さなどを考える集団宿泊活動、社会の一員であるとの自覚と互いが支え合う社会の仕組みを考え、自分自身をも高めるためのボランティア活動、自然や動植物を愛し、大切にする心を育てるための自然体験活動など、さまざまな体験活動

の充実が求められている。(小学校)

　望ましい勤労観・職業観を育むことができる職場体験活動や他の人々や社会のために役立ち自分自身を高めることができるボランティア活動、自然のすばらしさを味わい自然や動植物を愛護する心を育てることができる自然体験活動、地域の一員として社会参画の意欲を高めることができる地域の行事への参加など、さまざまな体験活動の充実が求められている。学校外のさまざまな人や事物に出会う体験活動は、生徒の世界を広げ実生活や実社会の生きた文脈のなかでさまざまな価値や自己の生き方について考えることができる貴重な経験となる。共に学ぶ楽しさや自己の成長に気付く喜びを実感させ、他者や社会、自然・環境とのかかわりのなかで共に生きる自分への自信をもたせることが大切である。(中学校)

　各学校においては、学校の教育活動全体において学校の実情や児童生徒の実態を考慮し、豊かな体験の積み重ねをとおして児童生徒の道徳性が養われるよう配慮することが大切である。その際には、児童生徒に体験活動をとおして道徳教育にかかわるどのような内容を指導するのか指導の意図を明確にしておくことが必要であり、実施計画にもこのことを明記することが求められる。さらに、地域社会の行事への参加も、幅広い年齢層の人々と接し、人々の生活や文化および伝統に親しみ、地域社会に対する愛着を高めるだけでなく、地域社会への貢献などをとおして社会に参画する態度を育てるなど、児童生徒にとっては道徳性を養う豊かな体験となる。具体的には、学校行事や総合的な学習の時間などでの体験活動として、自治会や社会教育施設など地域社会の関係機関や団体などで行う地域社会振興の行事や奉仕活動、自然体験活動、防災訓練などに学校や学年として参加することなどが考えられる。その場合には、その行事の性格や内容を事前に把握し、学校の目標や年間の指導計画との関連を明確にしながら児童生徒の豊かな体験が充実するようすすめることが大切である。

(3) 道徳教育の指導内容と児童生徒の日常生活

　道徳教育で養う道徳性は、自己の生き方を考えまた主体的な判断のもとに行動し、自立した人間として他者とともによりよく生きるための基盤と

なるものである。日常生活においても、人から言われるからではなくまたまわりのみんながしているからではなく、物事を多面的かつ多角的に考え、自らの判断により適切な行為を選択し実践するなど、道徳教育の指導内容が児童生徒の日常生活に生かされるようにすることが大切である。

　特に、いじめの防止や安全の確保の課題については、道徳教育や特別の教科である道徳の特質を生かし、よりよく生きるための基盤となる道徳性を養うことで、児童生徒がそれらの課題に主体的にかかわることができるようにしていくことが大切である。

①いじめの防止

　いじめは、児童生徒の心身の健全な発達に重大な影響をおよぼし、ともすると不登校や自殺などを引き起こす背景ともなる深刻な問題である。子どもから大人まで、社会全体でいじめの防止などの指導を充実させていく必要がある。その対応として、いじめ防止対策推進法が、2013年（平成25年）公布施行された。各学校では、いじめ防止対策推進法にもとづき、いじめ防止などのための対策に関する基本的な方針を定め、いじめの防止および早期発見早期対応に学校が一丸となって取り組むことが求められている。いじめの防止などと道徳教育との関連を考えた場合、同法第15条に、「児童などの豊かな情操と道徳心を培い、心の通う対人交流の能力の素地を養うことがいじめの防止に資することをふまえ、すべての教育活動をとおした道徳教育および体験活動などの充実を図らなければならない」と示されている。

　すなわち、道徳教育においては、特別の教科である道徳を要とし教育活動全体をとおして、生命を大切にする心や互いを認め合い、協力し助け合うことのできる信頼感や友情を育むことをはじめとし、節度ある言動や思いやりの心および寛容な心などを育てることが大切である。そして、学んだことが、日々の生活のなかでよりよい人間関係やいじめのない学級生活を実現するために自分たちにできることを相談し協力して実行したり、いじめに対してその間違いに気付き、友達と力を合わせ教師や家族に相談しながら正していこうとしたりするなど、いじめの防止などに児童生徒が主

体的にかかわる態度へとつながることを期待したい。

　とりわけ中学校では、生徒自身が主体的にいじめの問題の解決に向けて行動できるような集団を育てることが大切である。生徒の自尊感情や対人交流の能力、人間関係を形成していく能力、立場や意見の異なる他者を理解する能力などいじめを未然に防止するための資質・能力を育むとともに、さまざまな体験活動や協同して探究する学習活動をとおして、学校・学級の諸問題を自主的・協働的に解決していくことができる集団づくりをすすめることが求められる。なお、道徳教育の全体計画を立案するにあたっても、いじめの防止などに向けた道徳教育のすすめ方について具体的に示し、教職員の共通理解を図ることが大切である。

　これらのことをふまえ、小学校においては、第1学年および第2学年で、自分の特徴に気づくことや自分の好き嫌いにとらわれないで接すること、第3学年および第4学年で、自分の考えや意見を相手に伝えるとともに、相手のことを理解し自分と異なる意見も大切にすることや誰に対しても分け隔てをせず公正かつ公平な態度で接すること、第5学年および第6学年で、よりよく生きようとする人間の強さや気高さを理解し人間として生きる喜びを感じることについて、新たに内容項目を追加した。

　また、中学校においては、「生徒指導提要」（文部科学省）などを活用して、いじめをとらえる視点やいじめの構造などについて理解を深め、いじめの問題に取り組む基本姿勢を確認するとともに、開発的・予防的生徒指導を充実させていくことが求められる。

②安全の確保

　児童生徒自身が日常生活全般における安全確保のために必要な事項を実践的に理解し、生命尊重を基盤として、生涯をとおして安全な生活を送る基礎を培うとともに、すすんで安全で安心な社会づくりに参加し貢献できるような資質や能力を育てることは、次世代の安全文化の構築にとって重要なことである。

　道徳教育においては、自律的に判断することやよく考えて行動し、節度や節制に心掛けることの大切さ、生きている喜びや生命のかけがえのなさ

など生命の尊さの自覚、力を合わせよりよい集団や社会の実現に努めようとする社会参画の精神などを深めることが、自他の安全に配慮して安全な行動をとったり、自ら危険な環境を改善したり、安全で安心な社会づくりに向けて学校や家庭および地域社会の安全活動にすすんで参加し貢献したりするなど、児童生徒が安全の確保に積極的にかかわる態度につながることになることを明確に示すことが必要となる。交通事故および犯罪、自然災害から身を守ることや危機管理など、安全に関する指導にあたっては、学校の安全教育の目標や全体計画および各教科などとの関連などを考えながらすすめることが大切である。

6 教材に求められる内容の観点

教材の開発と活用の創意工夫

(1) 多様な教材の開発

　教材の開発にあたっては、日常から多様なメディアや書籍および身近な出来事などに強い関心をもつとともに、柔軟な発想をもちまた教材を広く求める姿勢が大切である。具体的には、生命の尊厳、自然、伝統と文化、先人の伝記、スポーツ、情報化への対応などの現代的な課題などを題材として、児童生徒が問題意識をもって多面的かつ多角的に考えたり、感動を覚えたりするような充実した教材の開発や活用が求められる。

　たとえば、生命の尊厳は、生命あるすべてのものをかけがえのないものとして尊重し大切にすることであり、児童生徒が発達の段階に応じて生命の尊厳について考えられるような教材が求められる。また、自然を題材とした教材には、自然の美しさや偉大さ不思議さなど、感性に訴えるものであることが期待される。そして、伝統と文化を題材とした教材には、その有形無形の美しさに国や郷土への誇りや愛情を感じさせるものであることが期待される。さらには、先人の伝記は、多様な生き方が織り込まれ、生きる勇気や知恵などを感じることができるとともに、人間としての弱さを吐露

する姿などにも接し、生きることの魅力や意味の深さについて考えを深めることが期待できる。一方、スポーツを題材とした教材は、オリンピックやパラリンピックなど世界を舞台に活躍している競技者や、それを支える人々の公正な態度や礼儀、連帯精神、チャレンジ精神や力強い生き方、苦悩などに触れて道徳的価値の理解やそれにもとづいた自己を見つめる学習を深めることが期待できる。そして、情報化への対応などの現代的な課題などを題材とした教材は、日本が抱える課題として発達の段階に応じて取り上げることが考えられる。その場合には、単に情報機器の操作や活用などその注意点を扱うのではなく、活用するのは人間であるからこそ、節度や節制および規則の尊重などかかわりのある道徳的価値について考えを深めることが大切である。

(2) 多様な教材を活用した創意工夫ある指導

　主たる教材として教科用図書を使用しなければならないことは前提であるが、道徳教育の特性に鑑みれば、各地域に根ざした地域教材など、多様な教材を併せて活用することが重要となる。さまざまな題材について郷土の特色が生かせる教材は、児童生徒にとって特に身近なものに感じられ、教材に親しみながらねらいとする道徳的価値について考えを深めることができるので、地域教材の開発や活用にも努めることが望ましい。これらのほかにも、古典、随想、民話、詩歌などの読み物、映像ソフト、映像メディアなどの情報通信ネットワークを利用した教材、実話、写真、劇、漫画、紙芝居などの多彩な形式の教材など多様なものが考えられる。このような教材が多様に開発されることをとおして、その生かし方もより創意あるものになり、児童生徒自身のその積極的な活用が促される。たとえば、地域の人を招いて協力しながら学習を進める、実物を提示する、情報機器を生かして学習する、疑似体験活動を取り込んで学習する、授業の展開に中心的に位置づける教材だけでなく補助的な教材を組み合わせて、それらの多様な性格を生かし合うなど、さまざまな創意工夫が生み出される。そのためにも、開発された教材については、その内容や形式などの特徴を押さえて授業で活用したときに、児童生徒がその内容をどのように受け止めるかを予想する

などして、提示の工夫や発問の仕方の工夫などを併せて検討しておくことが大切であると考えられる。

生かされる教材

教材については、教育基本法や学校教育法その他の法令にしたがい、次の観点に照らし適切と判断されるものであることが求められる。

- 児童生徒の発達の段階に即し、ねらいを達成するのにふさわしいものであること。
- 人間尊重の精神にかなうものであって、悩みや葛藤などの心の揺れ、人間関係の理解などの課題も含め、児童生徒が深く考えることができ、人間としてよりよく生きる喜びや勇気を与えられるものであること。
- 多様な見方や考え方のできる事柄を取り扱う場合には、特定の見方や考え方に偏った取扱いがなされていないものであること。

すなわち、特別の教科である道徳では、児童生徒がさまざまな場面において道徳的価値を実現できるようにするための道徳性を養うことができるような指導を行うことが重要である。そして、授業が学習指導要領にもとづいて行われるものであることから、授業で活用する教材は教育基本法や学校教育法その他の法令はもとより、学習指導要領に準拠したものが求められる。したがって、生かされる教材は、児童生徒が道徳的価値の理解をもとに自己を見つめ、物事を多面的かつ多角的に考えまた自己の生き方についての考えを深める学習に資するものでなければならない。また、その教材は、児童生徒が人間としてのありようや生き方などについて多様に感じまた考えを深め、互いに学び合う共通の素材として重要な役割を持つものであると考えられる。それ故、生かされる教材の具備する要件として、次の点を満たすことが大切であると考えられる。

(1) 児童生徒の発達の段階に即し、ねらいを達成するのにふさわしいものであること。

児童生徒が教材の内容を把握して道徳的価値の理解を図ったり、自己を

見つめたりすることができるように、児童生徒の発達の段階に即した内容や表現であることが求められる。また、児童生徒が学習に一層興味や関心を深め、意欲的に学習に取り組みたくなる内容や表現であることがふさわしい。そのうえで、一定の道徳的価値を含んだねらいを達成するための授業を展開することが求められることから、教材には適切な道徳的価値にかかわる事象や人物が取り上げられていることが必要である。なお、その際、学習指導要領に準じ、年間をとおして計画的かつ発展的に道徳的諸価値や児童のふりかえりを指導できるように、教材が全体として調和的に開発かつ整備されることが必要である。

(2) **人間尊重の精神にかなうものであって、悩みや葛藤などの心の揺れ、人間関係の理解などの課題も含め、児童生徒が深く考えることができ、人間としてよりよく生きる喜びや勇気を与えられるものであること。**

①**人間尊重の精神にかなうもの**

　人間尊重の精神は、道徳教育を推進するうえでの留意事項として一貫して述べられていることであり、生命の尊重、人格の尊重、基本的人権、思いやりの心などの根底を貫く国境や文化なども超えた普遍的な精神である。民主的な社会においては、人格の尊重は自己の人格のみではなく他の人々の人格をも尊重することであり、また権利の尊重は、自他の権利の主張を認めるとともに、権利の尊重を自己に課すという意味で、互いに義務と責任を果たすことを求めるものである。しかもこれらは、相互に人間を尊重し信頼し合う思いやりの心などによって支えられていなければならない。

　したがって、教材は、児童生徒の内面に形成されていく自己および他者の人格に対する認識を普遍的な精神へと高めると同時に、それを具体的な人間関係のなかで生かし、それによって人格の内面的な充実を図るという趣旨にもとづいて、国際的な視野も含めて広く人間尊重の精神という言葉を理解したうえで、題材の選択などを行う必要がある。

②**悩みや葛藤などの心の揺れ、人間関係の理解などの課題も含め、児童生徒が深く考えることができるもの**

授業における指導のめざすものは、個々の道徳的行為や日常生活の問題処理に終わるものではなく、児童生徒自らが時と場に応じて望ましい道徳的実践が行えるような内面的資質を高めることにある。つまり、ここでの学習では、道徳的価値についての単なる知的理解に終始したり、行為の仕方を一方的に指導したりする時間ではなく、ねらいとする道徳的価値について児童生徒自身がどのようにとらえ、どのような葛藤があるのか、また道徳的価値を実現することにどのような意味を見いだすことができるのかなど、道徳的価値を自己とのかかわりにおいてとらえる必要がある。

　したがって、教材の作成にあたっては、たとえば体験活動や日常生活をふりかえり道徳的価値の意義や大切さを考えることができる教材、今日的な課題について深く考えることができる教材、学級や学校生活における具体的事柄や葛藤などの課題について深く考えることができる教材など、児童生徒が道徳的価値について深く考え、道徳的価値を自覚できるよう題材の選択や構成の工夫などに努めなければならないのである。

③**人間としてよりよく生きる喜びや勇気を与えられるもの**

　ここでの学習は、人生いかに生きるべきかという生き方の問いを考えると言い換えることができ、その指導においては、児童生徒のよりよく生きようとする願いに応えるために、児童生徒と教師がともに考えともに探究していくことが前提となる。

　したがって、教材の作成あたっては、たとえば先人の多様な生き方が織り込まれ、生きる勇気や知恵などを感じる教材、人間としての弱さを吐露する姿などにも接し、生きることの魅力や意味の深さについて考えを深めることができる教材、児童生徒の感性に訴え感動を呼ぶ教材など、人間としての生き方に迫ることができるよう題材の選択や構成の工夫などに努めなければならないのである。

(3) **多様な見方や考え方のできる事項を取り扱う場合には、特定の見方や考え方に偏った取扱いがなされていないものであること。**

　現状のさまざまな課題に対応していくために、人としての生き方や社会のありようについて、多様な価値観の存在を前提にして他者と対話し協働

しながら、物事を多面的かつ多角的に考えることが求められている。したがって、時に対立がある場合も含めて多様な見方や考え方のある事象や、多様な生き方が織り込まれ生きる勇気や知恵などを感じられる人物などを取り扱うことは非常に有効であると考えられる。一方で、公教育として教科の指導を行ううえで最も大切なことは、活用する教材が特定の価値観に偏しないことであり、多様な見方や考え方のある事柄を取り扱う場合には、特定の見方や考え方に偏った取扱いがなされていないか検討する必要がある。なお、教科用図書以外の教材を使用するにあたっては、「学校における補助教材の適正な取扱いについて」(初等中等教育局長通知) など、関係する法規などの趣旨を十分に理解したうえで適切に使用することが重要である。

参考文献
文部科学省『小学校学習指導要領解説総則編』平成 27 年 (2015 年)。
文部科学省『中学校学習指導要領解説総則編』平成 27 年 (2015 年)。
文部科学省『小学校学習指導要領解説特別の教科道徳編』平成 27 年 (2015 年)。
文部科学省『中学校学習指導要領解説特別の教科道徳編』平成 27 年 (2015 年)。

第5章　特別の教科 道徳　評価

1　特別の教科道徳における評価の意義

道徳教育における評価の意義

　評価については、児童生徒の学習状況や道徳性にかかわる成長の様子を継続的に把握し指導に生かすよう努める必要があるが、数値などによる評価は行わないものとするとされている。

　すなわち、道徳教育における評価は、常に指導に生かされ結果的に児童生徒の成長につながるものでなくてはならない。具体的には、児童生徒のよい点や進歩の状況などを積極的に評価するとともに、指導の過程や成果を評価し指導の改善を行い学習意欲の向上に生かすようにすることと示されている。したがって、他者との比較ではなく、児童生徒一人一人のもつよい点や可能性などの多様な測面や進歩の様子などを把握し、学年や学期にわたる児童生徒の成長という視点を大切にすることが重要であると考えられる。

　このことから、学校の教育活動全体をとおして行う道徳教育における評価については、教師が児童生徒の人間的な成長を見守り、児童生徒自身が自己のよりよい生き方を求めていく努力を評価し、それを勇気付ける働きをもつようにすることが求められる。そしてそれは、客観的な理解の対象とされるものではなく、教師と児童生徒の温かな人格的な触れ合いにもとづいて、共感的に理解されるべきものであると考えられる。

特別の教科道徳における評価の意義

　特別の教科である道徳において養うべき道徳性は、人格の全体にかかわるものであり、数値などによって不用意に評価してはならないことが特に明記されている。したがって、教師は、それぞれの指導のねらいとのかかわりにおいて児童生徒の学習状況や成長の様子をさまざまな方法でとらえて、それを児童生徒に確かめさせたり、それによって自らの指導を評価したりするとともに、指導方法などの改善に努めることが重要であると考えられている。

2　道徳性の理解と評価

評価の基本的態度

　特別の教科である道徳は、道徳教育の目標にもとづき、各教科、外国語活動、総合的な学習の時間および特別活動における道徳教育と密接な関連を図りながら、計画的かつ発展的な指導によって道徳性を養うことがねらいである。そして、道徳性とは、人間としてよりよく生きようとする傾向性であり、道徳的判断力、道徳的心情、道徳的実践意欲および態度の内面的資質のことである。したがって、このような道徳性が養われたか否かは、容易に判断できるものではない。しかし、道徳性を養うことを学習活動として行う特別の教科である道徳の指導では、その学習状況を適切に把握し評価することが求められる。一方、児童生徒の学習状況は指導によって変わる。よって、特別の教科である道徳における児童生徒の学習状況の把握と評価は、教師が確かな指導観を持ち、1単位時間の授業で期待する児童生徒の学習を明確にした指導の計画なくしては行えないことを理解する必要がある。道徳性を養う道徳教育の要である特別の教科である道徳の授業を改善していくことの重要性はここにあると考えられている。

　重ねて、特別の教科である道徳で養う道徳性は、児童生徒が将来如何に

人間としてよりよく生きるか、如何に諸問題に適切に対応するかなどの個人の問題にかかわるものであると考えられる。このことから、たとえば小学校の段階でどれだけ道徳的価値を理解したかなどの基準を設定することが望ましいと考えることはできない。

　言い換えれば、道徳性の評価の基盤には、教師と児童生徒との人格的な触れ合いによる共感的な理解が存在することが重要である。そのうえで、児童生徒の成長を見守り、努力を認めたり励ましたりすることによって、児童生徒が自らの成長を実感し、さらに意欲的に取り組もうとする契機となるような評価をめざすことが求められる。なお、道徳性は、極めて多様な児童生徒の人格全体にかかわるものであることから、個人内の成長の過程を重視することが重要であると考えられる。

特別の教科道徳に関する評価

　特別の教科である道徳の評価の具体的なありようについては、文部科学省において、次の事項が留意事項として示されている。

- 数値による評価ではなく、記述式であること。
- 他の児童生徒との比較による相対評価ではなく、児童生徒が如何に成長したかを積極的に受け止め、励ます個人内評価として行うこと。
- 特に、他の児童生徒と比較して優劣を決めるような評価はなじまないことを十分に考慮すること。
- 個々の内容項目ごとではなく、大くくりなまとまりをふまえた評価を行うこと。
- 発達障害などの児童生徒についての配慮すべき観点などを、学校や教員間で共有すること。
- 現在の指導要録の書式における「総合的な学習の時間の記録」、「特別活動の記録」、「行動の記録」および「総合所見および指導上参考となる諸事項」などの既存の欄も含めて、そのありようを総合的に見直すこと。

特別の教科道徳の授業に対する評価

　学習指導要領には、教育課程実施上の配慮事項として、児童生徒のよい点や進歩の状況などを積極的に評価するとともに、指導の過程や成果を評価し、指導の改善を行い学習意欲の向上に生かすようにすることとして、指導の評価と改善についての記述がある。したがって、特別の教科である道徳においても、教師が自らの指導をふりかえり指導の改善に生かしていくことが大切であり、児童生徒の学習状況や道徳性にかかる成長の様子を視点として学習の過程を一層重視する必要があると考えられる。

(1) 特別の教科道徳の学習指導過程に関する評価の基本的な考え方

　児童生徒の学習状況の把握を基に評価を行ううえで、学習指導過程に関する指導をふりかえることは重要である。学習指導過程で、ねらいとする道徳的価値についての理解を深めているかどうか、自己を見つめ自己の生き方についての考えを深めているかどうか、道徳的価値の自覚を視点として児童生徒の学習状況を確認するなど、教師自らの指導を評価しその評価を授業のなかでさらなる指導に生かすことが、道徳性を養う指導につながると考えられる。

　すなわち、児童生徒の学習状況の把握と評価は、このように学習指導過程における指導と評価を一体的にとらえるようにすることが重要である。そして、学習指導過程を評価するためには、具体的な観点が必要である。確かな指導観をもとに明確な意図をもって指導や指導方法の計画を立て、学習指導過程で期待する児童生徒の学習を具体的な姿で表したものが観点となる。こうした観点をもつことで、指導と評価の一体化が実現することになる。このように学習指導過程に関する評価の資料となるものは、児童生徒の学習状況である。したがって、児童生徒の学習状況を的確に把握することが重要であり、このことは授業改善とともに年間指導計画の改善や充実にもつながるものであると考えられる。

　そして、特別の教科である道徳の学習指導過程に関する評価の観点はそれぞれの授業によってより具体的なものとなるが、その観点としては次の

ようなものが考えられる。
- 特別の教科である道徳の特質を生かし、道徳的価値の理解をもとに自己を見つめられるよう適切に構成されていたか。また、指導の手立ては適切であったか。
- 発問は、指導の意図にもとづいて的確になされていたか。また、発問に対して児童生徒が多面的かつ多角的に考えていたか。さらに、児童生徒の発言などを適切に指導に生かしていたか。
- 児童生徒の発言を傾聴して受け止めるとともに、発言の背景を推察したり学級全体に波及させたりしていたか。
- 特に配慮を要する児童生徒に適切に対応していたか。

(2) 指導の諸方法を評価する観点

指導方法は、特別の教科である道徳の特質をふまえ、その一つ一つについて指導観にもとづいた意図を明確にすることが重要である。指導方法の評価の観点はより具体的なものとなるが、観点の柱としては次のようなものが考えられる。
- ねらいを達成するために適切な方法であったか。
- 児童生徒の多面的かつ多角的な思考を促すうえで、適切な方法であったか。
- 自分とのかかわりで考えさせるための教材や教具の活用は、適切であったか。
- ねらいとする道徳的価値についての理解を深めるための方法は、児童生徒の実態や発達の段階にふさわしいものであったか。
- 児童生徒一人一人が、自分とのかかわりで考え自己の生き方についての考えを深められるものだったか。自発的に問題を考え、積極的に学習を行うような配慮がなされていたか。

この他、児童生徒は学習活動に集中していたか、新たに学んだことや気付いたこと、これからしようと思うことなどが生まれてきたかなどを把握することも重要である。

(3) 学習指導過程に関する評価の工夫

- 他の教師による評価

　特別の教科道徳の授業を公開して参観した教師から指摘を受けたり、ティーム・ティーチングの協力者などから評価を得たりする機会を得ることも重要である。その際、あらかじめ重点とする評価項目を設けておくと、具体的なフィードバックが得られやすい。

- 授業者自らによる評価

　授業者自らが記憶や授業中のメモ、板書の写真、録音、録画などによって学習指導過程をふりかえることも大切である。録音や録画で授業をふりかえることは、今まで気付かなかった傾向や状況に応じた適切な対応の仕方などに気付くことにもなる。児童生徒一人一人の学習状況を確かめる手立てを用意しておき、それにもとづく評価を行うことも考えられる。

(4) 評価の工夫と留意点

　特別の教科である道徳の指導は、道徳性の性格上１単位時間の指導だけでその成長を見取ることが困難である。そのため、指導による児童生徒の学習状況を把握して評価することをとおして、あらためて学習指導過程や指導方法について検討し、今後の指導に生かすことができるようにしなければならない。

　したがって、児童生徒の道徳性を養い得る質の高い授業を創造するためには、授業改善に資する学習指導過程や指導方法の改善に役立つ多面的な評価を心掛ける必要がある。また、特別の教科である道徳の授業で児童生徒が伸びやかに自分の考え方や感じ方を述べたり、他の児童生徒の考え方や感じ方を聞いたり、さまざまな表現ができたりするのは、日々の学級経営と密接にかかわっている。よって、児童生徒の道徳性にかかわる成長の様子に関する評価においては、慎重かつ計画的に取り組む必要がある。特別の教科である道徳は、児童生徒の人格そのものに働きかけるものであるため、その評価は安易なものであってはならない。しかし、児童生徒のよい点や成長の様子などを積極的にとらえ、それらを日常の指導や個別指導に生かしていくよう努めなくてはならないのである。

参考文献
文部科学省『小学校学習指導要領解説総則編』平成 27 年（2015 年）。
文部科学省『中学校学習指導要領解説総則編』平成 27 年（2015 年）。
文部科学省『小学校学習指導要領解説特別の教科道徳編』平成 27 年（2015 年）。
文部科学省『中学校学習指導要領解説特別の教科道徳編』平成 27 年（2015 年）。

第6章 情報モラル・現代の課題と道徳教育
——家庭や地域社会と道徳教育

1 情報モラルと道徳教育

　社会の情報化が進展するなか、児童生徒は学年が上がるにつれて、次第に情報機器を日常的に用いる環境のなかに入っており、学校や児童生徒の実態に応じた対応が学校教育のなかで求められる。これらは、学校の教育活動全体で取り組むべきものであるが、特別の教科である道徳においても同様に情報モラルに関する指導を充実する必要がある。

(1) 情報モラルと道徳の内容

　情報モラルは、情報社会で適正な活動を行うためのもとになる考え方と態度ととらえることができる。内容としては、情報社会の倫理、法の理解と遵守、安全への知恵、情報セキュリティ、公共的なネットワークがあるが、特別の教科である道徳においては、特に情報社会の倫理、法の理解と遵守の内容を中心に取り扱うことが考えられる。また、指導に際して具体的にどのような問題を扱うかについては各学校において検討していく必要がある。たとえば、親切や思いやりまた礼儀にかかわる指導の際に、インターネット上の書き込みのすれ違いなどについて触れたり、規則の尊重にかかわる指導の際に、インターネット上のルールや著作権など法やきまりに触れたりすることが考えられる。さらに、情報機器を使用する際には、使い方によっては相手を傷つけるなど人間関係に負の影響をおよぼすこともあることなどについても、指導上の配慮を行う必要がある。

(2) 情報モラルへの配慮

　情報モラルに関する指導については、その特質を生かした指導のなかで

の配慮が求められる。そして、ここでは道徳的価値にかかわる学習を行う特質があることをふまえたうえで、指導に際しては情報モラルにかかわる題材を生かして話合いを深めたり、コンピュータによる疑似体験を授業の一部に取り入れたりするなど、創意ある多様な工夫が生み出されることが期待される。具体的には、たとえば相手の顔が見えないメールと顔を合わせての会話との違いを理解し、メールなどが相手に与える影響について考えるなど、インターネットなどに起因する心のすれ違いなどを題材とした親切や思いやり、また礼儀にかかわる指導が考えられる。また、インターネット上の法やきまりを守れずに引き起こされた出来事などを題材として、規則の尊重にかかわる授業をすすめることも考えられる。

　その際、問題の根底にある他者への共感や思いやり、法やきまりのもつ意味などについて、児童生徒が考えを深めることができるようにすることが重要になる。なお、特別の教科である道徳が道徳的価値の理解をもとに自己を見つめる時間であるとの特質をふまえ、たとえば情報機器の使い方やインターネットの操作、危機回避の方法やその際の行動の具体的な練習を行うことにその主眼を置くのではないことに留意する必要がある。

2　現代の課題の扱いと道徳教育

　特別の教科である道徳の内容で扱う道徳的諸価値は、現代社会のさまざまな課題に直接かかわっている。したがって、児童生徒には発達の段階に応じて現代的な課題を身近な問題と結びつけて、自分とのかかわりで考えられるようにすることが求められる。現代社会を生きるうえでの課題を扱う場合には、問題解決的な学習を行ったり話合いを深めたりするなどの指導方法を工夫し、課題を自分との関係でとらえその解決に向けて考え続けようとする意欲や態度を育てることが大切である。たとえば、食育、健康教育、消費者教育、防災教育、福祉に関する教育、法教育、社会参画に関する教育、伝統文化教育、国際理解教育、キャリア教育など、学校の特色を生か

して取り組んでいる現代的な教育課題については、各教科、外国語活動、総合的な学習の時間および特別活動における学習と関連付け、それらの教育課題を主題とした教材を活用するなどして、さまざまな道徳的価値の視点で学習を深めたり、児童生徒自身がこれらの学習を発展させたりして、人としてよりよく生きるうえで大切なものとは何か、自分はどのように生きていくべきかなどについて、考えを深めていくことができるような取り組みが求められる。

　また、たとえば持続可能な発展を巡っては、環境、貧困、人権、平和、開発などのさまざまな問題があり、これらの問題は、生命や人権、自然環境、安全、公正・公平、社会正義、国際親善などさまざまな道徳的価値にかかわる葛藤がある。このように現代的な課題には、葛藤や対立のある事象なども多く、特に「規則の尊重」、「公正・公平・社会正義」、「国際理解・国際親善」、「生命の尊さ」、「自然愛護」などについては、現代的な課題と関連の深い内容であると考えられ、発達の段階に応じてこれらの課題を取り上げることが求められる。

　そしてその際、これらの諸課題には多様な見方や考え方があり、一面的な理解では解決できないことに気付かせ、多様な価値観の人々と協働して問題を解決していこうとする意欲を育むよう留意することが求められる。そのためには、たとえば複数の内容項目を関連付けて扱う指導によって、児童生徒の多様な考え方を引き出せるように工夫することなどが考えられる。なお、これらの現代的な課題の学習では、多様な見方や考え方があることを理解させ、答えが定まっていない問題を多面的かつ多角的視点から考え続ける姿勢を育てることが大切である。安易に結論を出させたり、特定の見方や考え方に偏って指導を行ったりすることのないよう留意し、児童生徒が自分と異なる考えや立場についても理解を深められるよう配慮しなければならない。

3 家庭や地域社会と道徳教育

道徳教育にかかわる情報発信

　学校で行う道徳教育は、自立した人間として他者とともによりよく生きるための基盤となる道徳性を養うことを目標として行われる。このような道徳性は学校生活だけに限られたものではなく、家庭や地域社会においても、児童生徒の具体的な行動を支える内面的な資質である。そのため、学校で行う道徳教育をより強化するためには、家庭や地域社会との連携および協力が重要になる。その際には、学校と家庭や地域社会が児童生徒の道徳性を養ううえでの共通理解を図ることが不可欠である。道徳教育は、学校が主体的に行う教育活動であることから、学校が道徳教育の方針を家庭や地域社会に伝え、理解と協力を得るようにしなければならない。具体的には、学校通信で校長の方針にもとづいて作成した道徳教育の全体計画を示したり、道徳教育の成果としての児童生徒のよさや成長の様子を知らせたりすることが考えられる。また、学校のホームページなどインターネットを活用した情報発信も、家庭や地域社会に周知するうえで効果的である。

家庭や地域社会との相互連携

　道徳教育の主体は学校であるが、学校の道徳教育の充実を図るためには、家庭や地域社会との連携および協力が必要である。学校の道徳教育にかかわる情報発信と併せて、学校の実情に応じて相互交流の場を設定することが望まれる。たとえば、学校での道徳教育の実情について説明したり、家庭や地域社会における児童生徒のよさや成長などを知らせたりする情報交換会を定例化し、児童生徒の道徳性の発達や学校および家庭や地域社会の願いを交流し合う機会をもつことが考えられる。また、こうした情報交換で把握した問題点や要望などに着目した講演会の開催なども有効である。また、学校運営協議会制度などを活用して、学校の道徳教育の成果など

を具体的に報告し、それについて意見を得るようにすることも考えられる。また、それらを学校評価に生かし道徳教育の改善を図るとともに、学校が家庭や地域社会と連携する方法を検討することも考えられる。学校および家庭や地域社会が連携して道徳教育の充実を図ることにより、保護者や地域の人々の道徳教育にかかわる意識が高まることも期待することができる。

参考文献
文部科学省『小学校学習指導要領解説総則編』平成 27 年（2015 年）。
文部科学省『中学校学習指導要領解説総則編』平成 27 年（2015 年）。
文部科学省『小学校学習指導要領解説特別の教科道徳編』平成 27 年（2015 年）。
文部科学省『中学校学習指導要領解説特別の教科道徳編』平成 27 年（2015 年）。

第7章 道徳教育の課題

1 道徳教育における現実認識

　道徳教育について語るとき、実にざまざまな言説が表出する。しかしながら、まずもって必要なことは、現実の社会におけるさまざまな認識からはじまるのではないだろうか。すなわち、ただ単に学校で教師が児童生徒に向かい、表面上美しい言葉だけを並べても、なかなか児童生徒の心のなかに届くことが難しいことは言を俟たないであろう。そしてこのことは、近代日本の道徳教育の歴史をふまえ、このたびの再度の特別の教科として道徳の位置付けを考慮すれば明らかであり、結果道徳教育の混迷の痕跡を眼前に突き付けられることになるのである。

　ドイツの教育哲学者ブレツィンカは、ある程度の小さな集団において日常における価値観の共有化がなされ、子どもが幼少期にその集団においてその影響のもとに過ごすことがまず大切なことであると述べている。その代表的なもののひとつが、家庭での生活であるのかもしれない。そして、ブレツィンカは、道徳教育をすすめる前に、現状がどのような状況であるのかその認識を新たにすることが必要であると述べる。さらに、ブレツィンカはその認識の具体例として、次の事項をあげている。①人間は、決して純粋に理性的な存在ではない。②人間は自らの内なる支えをもつためには、外なる支えに頼らなければならい。③内なる支えは、子どもが幼い時に小規模の共同体のなかで安心感を体験することによって育成される。④また、内なる支えは、権威を認めることによって獲得される。⑤価値の方向付けは、科学だけでは十分ではなく何らかの信仰の体系が必要である。⑥善

を知るだけでは、善を行うことに十分ではない。⑦道徳的な努力がなされるのは、共同体においてその道徳の内容が求められかつ明らかであるときであることを知る必要がある。

　要するに、自明のことではあるが、子どものみに道徳性を求めることはできない。子どもは、まず身近なおとなを範とし成長するのである。子どもを変えようと考えるのであれば、それこそまずおとな自身が変わらなければならないし、またおとな自身が自らを変えていく意識を強く持たなければならないであろう。したがって、まず着手すべきことは、おとなが自らの価値意識を今一度見直し、時に反省もし、しかし一方でおとなは子どもに対して自信と責任感を持たなければならない。そして、親が家庭を、教師が学校を、子どもにとって信頼しかつ安心できる共同体として成立させるべく、不断の努力を続けなければならないのである。

　また、このような子どもが信頼しかつ安心できる共同体としての家庭や学校を創り上げていくためには、親や教師の他に地域社会の多くの市民の積極的な協力支援が欠かせない。現状さらなる情報機器の進展により、人と人とが面と向かい言葉を交わすことが日々少なくなっている。しかしながら、人間が真の意味において人間であること、また社会に生きる人間としての自覚と責任感は、人と人とが真摯向き合う姿勢とその対話や交流によって可能となるのである。したがって、親と子どもまた教師と児童生徒の対話を活性化させるためには、おとなを取り巻く社会生活におけるそれこそおとな同士のコミュニケーションと、そしてこのことにもとづく地域社会の再生への努力がかかわってくることになるのであろう。言い換えれば、道徳教育の問題は、決して子どものみにかかわる問題ではなく、おとな自身が現在の社会における価値意識をどのようにとらえるのか、まさにおとな自身の問題でもあると考えられるのである。そして、道徳教育をよりよくすすめていくには、まずもって基本的な価値観を共有するべく、教師をはじめ親や地域社会の住民の協力による学校づくりからはじめることが重要であると考えられる。

2　道徳教育としつけ

　現状、国際化や情報化などの時代の変化に対応するため、学校教育において小学校からの英語教育の充実やICTにもとづく授業展開が重視されている。そして、これらは現場の先生方の日常に実に大きな影響をおよぼしていると言わざるを得ない。したがって、これらの教育のありようは必ずしも良いことのみの様相ではないはずである。すなわち、人間形成として幼児期から学童期において、親や教師はこの時期にどうしてもしておかなければならないことがあることを認識しなければならない。そこで、価値多様化のなかで道徳教育をすすめるにあたって、親や教師が留意する必要があることのひとつとして、しつけについて考えておきたい。

　まず、子どもが最初に出会うおとなは親である。そして、フレーベルも述べているように、特に母親との信頼関係を契機に、子どもはさまざまなことを学びとるべくいろいろなことを試みるのである。そこに親をはじめ教師は、その子どもの歩みを支援するため、あらゆる保護や指導を重ねていくのである。そのひとつが、おとなが子どもに模範を示しそれを子どもが倣い、さらにそれを子どもが身体で覚えていく、いわゆるしつけである。このしつけとなることばは、日本では田畑の植え付けや人を一人前にすること、また親からの叱責や罰則を意味するものと考えられてきたとも言われる。すなわち、しつけとは、あたりまえのことは教えず、あたりまえでないことの言動について戒め諭すことばであるととらえられる。しかしながら、模範を示すことにより子ども自らに学ばせる方法は、まずもっておとな同志において共有できる価値が存在することと、やはり子どもがおとなをひとつの意味における権威として敬意を表し受け入れることが前提となる。したがって、現状のしつけの問題は、親が自らの価値意識を明確に持っていないこと、そして教師がこのしつけの方法について大きな疑念を抱いたままの状態でいることであろう。

　要するに、道徳は信頼にもとづくものであり、相互の信頼関係なくして

道徳は成り立ち得ない。したがって、まず子ども自らが親によってまさに安全に守られかつ愛されていることを実感することが重要である。そして、子ども自らがその親の愛情に応えるべく行動することを教えることが必要なのである。さらに、このようなしつけの基本となることが、礼儀作法と表現力つまりことばづかいについて学ぶことである。この礼儀作法とことばづかいについて、親と教師があらためて自らの価値意識を鮮明にし、そして子どもに真正面に向き合い、単純かつ素朴な徳を親と教師自らの体験をとおして伝えていくことが肝要なのである。

3　道徳教育と教師

　現状の学校教育においても、さまざまな経験をとおして学ぶことが推奨されている。それはいわゆる体験学習なるものであるが、このことが最も意義あるものとされるのは、子どもにとってその経験が本物の生活であることであり、授業としての体験学習には自ずと限界があることも事実であろう。したがって、道徳教育をすすめるにあたっては、日常の学校生活そのものが児童生徒にとって道徳的であると実感できること、すなわち児童生徒が学校生活のなかに望ましい秩序や道理の支配があり、なおかつ学校が信頼できる生活共同体であることを児童生徒が具体的に体験することが可能であることが求められるのである。

　そして、この学校に対する児童生徒の信頼は、言うまでもなくまずもって教師に対する信頼であり、教師が児童生徒から良き意味における権威者として受け入れられていることが、学校教育とりわけ道徳教育がうまくすすめられる第一条件であろう。また、義務教育の学校においては、児童生徒が初めてひとりで他人と一緒に一日の大半を過ごしかつ学ぶのである。そこでは、それらの結果として、児童生徒がその学びの成果が確認され、自らのいろいろな能力や自らの位置づけが明らかにされることになる。したがって、児童生徒は、まず教師が自らの一部分ではなくすべてを理解して

くれていること、次にえこひいきのない公平公正な学級運営と評価がなされていること、さらに何か事が起これば剛毅果断な判断と実行がなされることを、学校および教師に期待しているのである。要するに、現状の学校教育の諸問題や教師への不信感は、児童生徒の多くがその自らの期待に学校および教師が真正面より応えていないと感じていることに起因していると考えられるのである。一方、文部科学省などの対応は、いわゆる生徒理解をめざす生徒指導について、その本質理解より技術方法論に関する教師研修および教師指導が熱心であるようにうかがえるが、教師自らの教師としてのありようや教師自らの価値意識などを鮮明にすることへの支援は未だ十分であるとは言えない。

　重ねて追記すれば、道徳的であることは、自らのことだけを考えるのではなく、自らを含むその共同体のことを考えてよく生きることであり、その根底なるものは幼少期の親子関係の良好な信頼関係にあると考えられる。したがって、道徳が道徳たりえるのは、子どもがこの人生初の身近かつ親密な人間関係のみにとどまらず、自らを取り巻くより広く大きな人間関係のなかで他人と共存していくことを学びつつよく生きていくことをめざすことである。言い換えれば、公共の精神をもってそれを自覚し生きていくことである。そして、このようなことを、教師が道徳教育をとおして伝えていくためには、まずもって教師自らがあらためて、教育の基本また道徳教育の本質に立ち返るべく、古典に学ぶ哲学的な考察に取り組み、そのことをとおして教師自らの価値意識を明らかにしていく努力が求められるのである。

参考文献
和辻哲郎『倫理学』(1〜4)、岩波文庫、2007年。
ブレツィンカ、岡田渥美・山﨑高哉訳『価値多様化時代の教育』玉川大学出版部、1992年。
ランゲフェルド、和田修二・岡田渥美訳『教育と人間の省察』玉川大学出版部、1989年。

おわりに

　日本の道徳教育の今後の歩みは、明治期から第2次世界大戦を経て現代に至るまでと同様に、混迷を極めていくことになるであろう。このようなとき、デュルケムの『道徳教育論』が、ひとつの指針を示すものとしてとらえることができると考える。事実その内容は、当時のフランスにおける小党分立における不安定な議会制度や、大資本と官僚の強い影響のもとの第三共和制、そしてその第三共和制の帝国主義的なイデオロギー、また教育と宗教の分離、などである。しかしながら、デュルケムが説こうと試みている道徳教育の本質は、これからの日本の道徳教育を考えるうえで、示唆に富むものであると考えられよう。次に、その一部を記しておきたい。

　思うに、道徳教育の問題を体系的にあつかうには、今日それがおかれている諸条件を明確にする必要がある。なぜなら、この問題は特殊な条件のもとにおかれているからである。今日わが国の伝統的教育体系のうちのこの部分は、最も緊迫した危機にさらされているのであって、その原因を究明することが肝要である。
　さて、私がここに道徳教育の問題をとりあげたのは、単に教育学者たちが、常にこの問題を大変重視しているという理由によるだけではない。さらにそれは、今日においては全く特殊な緊迫した条件のもとにおかれているからである。今日、わが国の伝統的教育体系のこの部分は、最悪の事態にさらされている。動揺が、おそらく最も重大にしてかつ最も深刻なのは、道徳教育の領域である。道徳教育の効果を半減させ、その作用を不確実にするおそれのあるものは、すべて公共の道徳をその根底から脅かさずにはおかないのである。それゆえ、道徳教育の問題は、単に教育学者にとっての緊急事にとどまらない。実は、長いこと潜在的であったが、今や半ば表面化した状況を創り出したというよりむしろ、それを出現させたものは、わが国の20年にわたる教育上の大革命である。(第三共和国は、その民主的共和

的原則から、成立以来教育制度の世俗化への努力を続けた。国家と教会の関係については、賢明かつ忍耐強い政策によって1880年以来、宗教家の教育行政への関与、教科課程のうちの宗教教育、宗教団体の成員の公的教職への関与、などを徐々に禁止した。一方、教会が国家の監督と一定の条件のもと私立の教育機関を設置することは許可された。）われわれは、学校において純粋に世俗的な道徳教育を施そうと決心した。この世俗的教育は、啓示的宗教を支えている諸原理の援用を禁止し、もっぱら唯一理性によって主宰される観念や感情や実践に力点をおく。一言にして言えば、それは純粋に合理主義的な教育である。

　ところで、この重大な刷新は、当然ながら既存の観念や習慣を動揺させ、われわれの教育方法の再編成を要請し、ひいては深く憂慮すべきあらたな諸問題を提起せずにはおかなかった。この種の問題をあつかうことは、決して生やさしいことではないが、それでもわれわれはこれに対して決然と取り組むことを憚り、ただ漫然と放置しておくわけにはいかない。一方、道徳教育は、これが施される一定の諸条件を明らかにせずして論じられてはならない。そうでなければ、議論はいつでも無意味で曖昧な一般論に終始してしまう。したがって、われわれはここで一般的人間のための道徳教育についてではなく、現代のわが国における国民のための道徳教育は如何にあるべきかを探究しなければならない。今日、わが国の児童生徒の大部分を育成しているのは公立の学校であって、この公立学校こそはわが国民性のこのうえない守護者であり、また守護者であるべきところのものである。それは、いわば普通教育の標準的な実施機関である。したがって、ここで論ずべきは公立学校についてであり、公立学校において理解されかつ実践されており、また実践されるべき道徳教育の問題をわれわれはとりあげなければならない。さらに、このような議論に対して、多少とも科学的態度をもって臨むならば、感情的になったり正当な感受性を傷つけたりせずに、公平無私な立場で問題をとりあつかうことも容易であろう。

　そこで、まずはじめに言いたいことは、完全に合理的な道徳教育が可能である、ということである。

以下、デュルケムは、道徳性の要素について、具体的には規律の精神、社会集団への愛着、意志の自律性をてがかりに持論を展開する。次に、それらの道徳性の要素を現実の学校において、如何に児童生徒のなかに確立させていくのかを論じている。

　今後、このデュルケムのような、社会のありようを第1としながらも、歴史や文化をふまえ個人の自律性や自発性を重視する考えを、道徳教育に関与するわれわれすべてが深く検討することによって、今一度われわれ自身の道徳教育を構築していくことが求められるのであろう。

　エミール・デュルケム（*Emile Durkheim* 1858-1917）
　フランスの社会学者。ボルドー大学時代に『社会分業論』『自殺論』など執筆。また、ソルボンヌ大学時代に教育学を担当し、『教育と社会学』『道徳教育論』を執筆。また宗教についてもふれ、『宗教生活の原初形態』なども執筆。これらの業績が、のちに教育社会学や宗教社会学として展開していく。

　最後に、本書はあらためて数ある道徳教育に関する文献のなかで、道徳教育の本質を探究するささやかな試みである。この試みに対して、ひとつの書物にまとめさせていただく機会を与えていただいた関西学院大学出版会に謝意を表させていただきたい。具体的には、同出版会関係各位に御礼申し上げたい。とりわけ、事務局田中直哉氏、松下道子氏にはいろいろとお手数をお掛けした、このことに対して篤く御礼申し上げたい。

　2017年1月

廣　田　佳　彦

資料　特別の教科道徳の内容の学年段階・学校段階の一覧

	小学校第1学年及び第2学年(19)	小学校第3学年及び第4学年(20)
A 主として自分自身に関すること		
善悪の判断, 自律,自由と責任	(1)よいことと悪いこととの区別をし,よいと思うことを進んで行うこと。	(1)正しいと判断したことは,自信をもって行うこと。
正直,誠実	(2)うそをついたりごまかしをしたりしないで,素直に伸び伸びと生活すること。	(2)過ちは素直に改め,正直に明るい心で生活すること。
節度,節制	(3)健康や安全に気を付け,物や金銭を大切にし,身の回りを整え,わがままをしないで,規則正しい生活をすること。	(3)自分でできることは自分でやり,安全に気を付け,よく考えて行動し,節度のある生活をすること。
個性の伸長	(4)自分の特徴に気付くこと。	(4)自分の特徴に気付き,長所を伸ばすこと。
希望と勇気, 努力と強い意志	(5)自分のやるべき勉強や仕事をしっかり行うこと。	(5)自分でやろうと決めた目標に向かって,強い意志をもち,粘り強くやり抜くこと。
真理の探究		
B 主として人との関わりに関すること		
親切,思いやり	(6)身近にいる人に温かい心で接し,親切にすること。	(6)相手のことを思いやり,進んで親切にすること。
感謝	(7)家族など日頃世話になっている人々に感謝すること。	(7)家族など生活を支えてくれている人々や現在の生活を築いてくれた高齢者に,尊敬と感謝の気持ちをもって接すること。
礼儀	(8)気持ちのよい挨拶,言葉遣い,動作などに心掛けて,明るく接すること。	(8)礼儀の大切さを知り,誰に対しても真心をもって接すること。
友情,信頼	(9)友達と仲よくし,助け合うこと。	(9)友達と互いに理解し,信頼し,助け合うこと。
相互理解,寛容		(10)自分の考えや意見を相手に伝えるとともに,相手のことを理解し,自分と異なる意見も大切にすること。
C 主として集団や社会との関わりに関すること		
規則の尊重	(10)約束やきまりを守り,みんなが使う物を大切にすること。	(11)約束や社会のきまりの意義を理解し,それらを守ること。

資料　特別の教科道徳の内容の学年段階・学校段階の一覧　95

小学校第5学年及び第6学年(22)	中学校(22)	
A 主として自分自身に関すること		
(1)自由を大切にし,自律的に判断し,責任のある行動をすること。 (2)誠実に,明るい心で生活すること。	(1)自律の精神を重んじ,自主的に考え,判断し,誠実に実行してその結果に責任をもつこと。	自主,自律,自由と責任
(3)安全に気を付けることや,生活習慣の大切さについて理解し,自分の生活を見直し,節度を守り節制に心掛けること。	(2)望ましい生活習慣を身に付け,心身の健康の増進を図り,節度を守り節制に心掛け,安全で調和のある生活をすること。	節度,節制
(4)自分の特徴を知って,短所を改め長所を伸ばすこと。	(3)自己を見つめ,自己の向上を図るとともに,個性を伸ばして充実した生き方を追求すること。	向上心,個性の伸長
(5)より高い目標を立て,希望と勇気をもち,困難があってもくじけずに努力して物事をやり抜くこと。	(4)より高い目標を設定し,その達成を目指し,希望と勇気をもち,困難や失敗を乗り越えて着実にやり遂げること。	希望と勇気,克己と強い意志
(6)真理を大切にし,物事を探究しようとする心をもつこと。	(5)真実を大切にし,真理を探究して新しいものを生み出そうと努めること。	真理の探究,創造
B 主として人との関わりに関すること		
(7)誰に対しても思いやりの心をもち,相手の立場に立って親切にすること。 (8)日々の生活が家族や過去からの多くの人々の支え合いや助け合いで成り立っていることに感謝し,それに応えること。	(6)思いやりの心をもって人と接するとともに,家族などの支えや多くの人々の善意により日々の生活や現在の自分があることに感謝し,進んでそれに応え,人間愛の精神を深めること。	思いやり,感謝
(9)時と場をわきまえて,礼儀正しく真心をもって接すること。	(7)礼儀の意義を理解し,時と場に応じた適切な言動をとること。	礼儀
(10)友達と互いに信頼し,学び合って友情を深め,異性についても理解しながら,人間関係を築いていくこと。	(8)友情の尊さを理解して心から信頼できる友達をもち,互いに励まし合い,高め合うとともに,異性についての理解を深め,悩みや葛藤も経験しながら人間関係を深めていくこと。	友情,信頼
(11)自分の考えや意見を相手に伝えるとともに,謙虚な心をもち,広い心で自分と異なる意見や立場を尊重すること。	(9)自分の考えや意見を相手に伝えるとともに,それぞれの個性や立場を尊重し,いろいろなものの見方や考え方があることを理解し,寛容の心をもって謙虚に他に学び,自らを高めていくこと。	相互理解,寛容
C 主として集団や社会との関わりに関すること		
(12)法やきまりの意義を理解した上で進んでそれらを守り,自他の権利を大切にし,義務を果たすこと。	(10)法やきまりの意義を理解し,それらを進んで守るとともに,そのよりよい在り方について考え,自他の権利を大切にし,義務を果たして,規律ある安定した社会の実現に努めること。	遵法精神,公徳心

公正, 公平, 社会正義	(11)自分の好き嫌いにとらわれないで接すること。	(12)誰に対しても分け隔てをせず, 公正, 公平な態度で接すること。
勤労, 公共の精神	(12)働くことのよさを知り, みんなのために働くこと。	(13)働くことの大切さを知り, 進んでみんなのために働くこと。
家族愛, 家庭生活の充実	(13)父母, 祖父母を敬愛し, 進んで家の手伝いなどをして, 家族の役に立つこと。	(14)父母, 祖父母を敬愛し, 家族みんなで協力し合って楽しい家庭をつくること。
よりよい学校生活, 集団生活の充実	(14)先生を敬愛し, 学校の人々に親しんで, 学級や学校の生活を楽しくすること。	(15)先生や学校の人々を敬愛し, みんなで協力し合って楽しい学級や学校をつくること。
伝統と文化の尊重, 国や郷土を愛する態度	(15)我が国や郷土の文化と生活に親しみ, 愛着をもつこと。	(16)我が国や郷土の伝統と文化を大切にし, 国や郷土を愛する心をもつこと。
国際理解, 国際親善	(16)他国の人々や文化に親しむこと。	(17)他国の人々や文化に親しみ, 関心をもつこと。
D 主として生命や自然, 崇高なものとの関わりに関すること		
生命の尊さ	(17)生きることのすばらしさを知り, 生命を大切にすること。	(18)生命の尊さを知り, 生命あるものを大切にすること。
自然愛護	(18)身近な自然に親しみ, 動植物に優しい心で接すること。	(19)自然のすばらしさや不思議さを感じ取り, 自然や動植物を大切にすること。
感動, 畏敬の念	(19)美しいものに触れ, すがすがしい心をもつこと。	(20)美しいものや気高いものに感動する心をもつこと。
よりよく生きる喜び		

資料　特別の教科道徳の内容の学年段階・学校段階の一覧　97

(13) 誰に対しても差別をすることや偏見をもつことなく，公正，公平な態度で接し，正義の実現に努めること。	(11) 正義と公正さを重んじ，誰に対しても公平に接し，差別や偏見のない社会の実現に努めること。	公正, 公平, 社会正義
(14) 働くことや社会に奉仕することの充実感を味わうとともに，その意義を理解し，公共のために役に立つことをすること。	(12) 社会参画の意識と社会連帯の自覚を高め，公共の精神をもってよりよい社会の実現に努めること。	社会参画, 公共の精神
	(13) 勤労の尊さや意義を理解し，将来の生き方について考えを深め，勤労を通じて社会に貢献すること。	勤労
(15) 父母，祖父母を敬愛し，家族の幸せを求めて，進んで役に立つことをすること。	(14) 父母，祖父母を敬愛し，家族の一員としての自覚をもって充実した家庭生活を築くこと。	家族愛, 家庭生活の充実
(16) 先生や学校の人々を敬愛し，みんなで協力し合ってよりよい学級や学校をつくるとともに，様々な集団の中での自分の役割を自覚して集団生活の充実に努めること。	(15) 教師や学校の人々を敬愛し，学級や学校の一員としての自覚をもち，協力し合ってよりよい校風をつくるとともに，様々な集団の意義や集団の中での自分の役割と責任を自覚して集団生活の充実に努めること。	よりよい学校生活, 集団生活の充実
(17) 我が国や郷土の伝統と文化を大切にし，先人の努力を知り，国や郷土を愛する心をもつこと。	(16) 郷土の伝統と文化を大切にし，社会に尽くした先人や高齢者に尊敬の念を深め，地域社会の一員としての自覚をもって郷土を愛し，進んで郷土の発展に努めること。	郷土の伝統と文化の尊重, 郷土を愛する態度
	(17) 優れた伝統の継承と新しい文化の創造に貢献するとともに，日本人としての自覚をもって国を愛し，国家及び社会の形成者として，その発展に努めること。	我が国の伝統と文化の尊重, 国を愛する態度
(18) 他国の人々や文化について理解し，日本人としての自覚をもって国際親善に努めること。	(18) 世界の中の日本人としての自覚をもち，他国を尊重し，国際的視野に立って，世界の平和と人類の発展に寄与すること。	国際理解, 国際貢献
D 主として生命や自然，崇高なものとの関わりに関すること		
(19) 生命が多くの生命のつながりの中にあるかけがえのないものであることを理解し，生命を尊重すること。	(19) 生命の尊さについて，その連続性や有限性なども含めて理解し，かけがえのない生命を尊重すること。	生命の尊さ
(20) 自然の偉大さを知り，自然環境を大切にすること。	(20) 自然の崇高さを知り，自然環境を大切にすることの意義を理解し，進んで自然の愛護に努めること。	自然愛護
(21) 美しいものや気高いものに感動する心や人間の力を超えたものに対する畏敬の念をもつこと。	(21) 美しいものや気高いものに感動する心をもち，人間の力を超えたものに対する畏敬の念を深めること。	感動, 畏敬の念
(22) よりよく生きようとする人間の強さや気高さを理解し，人間として生きる喜びを感じること。	(22) 人間には自らの弱さや醜さを克服する強さや気高く生きようとする心があることを理解し，人間として生きることに喜びを見いだすこと。	よりよく生きる喜び

http://www.mext.go.jp/component/a_menu/education/micro_detail/__icsFiles/afieldfile/2015/03/26/1356257_1.pdf
をもとに筆者作成

著者略歴

廣田佳彦（ひろた　よしひこ）

1957 年生まれ

博士（教育学）

研究分野：教育学、近代日本教育思想史、道徳教育

K.G. りぶれっと No. 41

道徳教育の本質

2017 年 1 月 10 日 初版第一刷発行

著　者	廣田佳彦
発行者	田中きく代
発行所	関西学院大学出版会
所在地	〒 662-0891
	兵庫県西宮市上ケ原一番町 1-155
電　話	0798-53-7002
印　刷	協和印刷株式会社

©2017 Yoshihiko Hirota
Printed in Japan by Kwansei Gakuin University Press
ISBN 978-4-86283-230-6
乱丁・落丁本はお取り替えいたします。
本書の全部または一部を無断で複写・複製することを禁じます。

関西学院大学出版会「K・G・りぶれっと」発刊のことば

大学はいうまでもなく、時代の申し子である。

その意味で、大学が生き生きとした活力をいつももっていてほしいというのは、大学を構成するもの達だけではなく、広く一般社会の願いである。

研究、対話の成果である大学内の知的活動を広く社会に評価の場を求める行為が、社会へのさまざまなメッセージとなり、大学の活力のおおきな源泉になりうると信じている。

遅まきながら関西学院大学出版会を立ち上げたのもその一助になりたいためである。

ここに、広く学院内外に執筆者を求め、講義、ゼミ、実習その他授業全般に関する補助教材、あるいは現代社会の諸問題を新たな切り口から解剖した論評などを、できるだけ平易に、かつさまざまな形式によって提供する場を設けることにした。

一冊、四万字を目安として発信されたものが、読み手を通して〈教え―学ぶ〉活動を活性化させ、社会の問題提起となり、時に読み手から発信者への反応を受けて、書き手が応答するなど、「知」の活性化の場となることを期待している。

多くの方々が相互行為としての「大学」をめざして、この場に参加されることを願っている。

二〇〇〇年　四月